今日からお客様が倍増する

売れる力学

たったこれだけで業績が上がる
107のポイント

佐藤昌弘

KKベストセラーズ

まえがき

業績アップは科学であり、【売れる力学】が存在する。

日本一高額なマーケティング・コンサルタント。

この本の著者である私は、人々からそう呼ばれています。

なんだか自慢げに聞こえるので、「何を偉そうに！」と言われるかも知れないし、自分ではあまり気に入っていない部分があります。一方で、何にせよ日本一高額なコンサルティング料をお支払いいただけるのは光栄であり、誇らしく嬉しい部分もあります。

いずれにしても、私がコンサルティングを通じて、そこまで高い評価をいただけるようになったのには、秘訣があるのです。

おそらく100社あれば、100社なりのフル・オーダーメイドの解決策を提供するからです。それが、結果を求めるのに、最も近道だということが、何千件ものコンサルティングを続けるうちにわかったのです。

もし、最も効果的に業績アップに到達したいのであれば、あなたにピッタリの解決策を採用すべきなのです。

それは、どういうことか？　難しい話ではありません。少しリラックスして、お話しましょう。

本来、ビジネスは極めてシンプルなのです。

「私に、それを売って下さい」と、売る側が何もしないのに、買う側から声をかけてくれる。最もシンプルな状態というのは、これだけのことなのです。とてもシンプルですよね。なぜなら、何もしていないのに買ってくれる人が現れるのですから。

でも確かに、それが理想的なのですが、残念ながら世の中はそんなに都合良くはできていません。

だからこそ、そんな奇跡を待っていられない人は、少しだけ複雑なことをします。

「私はこれを売ります」

「私はそれを買います」

これで、取引が成立するように工夫をし始めるのです。

つまり、〝これを売りたい〟という意思表示をするように工夫をするわけです。

そして、売りたいというメッセージを出し始めるのです。

実際に、上手にメッセージを伝えた人は、次々と「それ売って下さい」というオーダーが入り始めます。

でも、そこからビジネスの複雑さは、一気に加速を始めるのです。

「私はこれを売ります」というメッセージに、いろんな工夫をし始める人が増えるからです。

そうやって、本来シンプルだったはずのビジネス環境は、どんどん複雑になるのです。

ところが、私から見れば、どんどん成功から遠のいているように見えるのです。

だからこの本を執筆したのです。

事実、世の中には、いろんな「私はこれを売ります」の失敗メッセージがあります。

複雑過ぎてわけがわからないもの。ピントはずれなもの。ストレート過ぎて他との違いが伝わらないもの。失敗例の共通点をあげればキリがありません。

どうやら、難しく考えすぎている人が多いような気がするのです。

もっとシンプルなはずなのに……。

この本は、それに答えるための本なのです。

だからこそ、私がこれまで実施してきたコンサルティングの経験から、参考になりそうな、様々なエッセンスを吐き出してみたのです。

例えば、「私はこれを売ります」というメッセージを考える時、

●頭の中での迷路のような思考から、どうやってシンプルな思考に戻せばいいのか？
●具体的にどんなツールを使えばいいのか？
●どう考えればいいのか？
●何からやればいいのか？
●集客のプロセスが複雑化する時、どんなステップを踏むのがいいのか？
●お客さんに何を語ることが効果的なのか？
●値段はどうすればいいのか？
●お客さんをどうやって集めればいいのか？

そういった様々なポイントについて語っていきます。
売れるマーケティングには無駄がありません。
シンプルだから、お客さんにもわかりやすいし、買いやすい。

一方で、ただ複雑なだけになってしまったメッセージでは、売れるものも売れないのです。わかりにくいし、欲しいと思えない、それに買いにくい。

でも大丈夫。それを軌道修正するだけで良かったりするからです。

よく考えてみれば、ビジネスをシンプルに考えるために、数多くのことを学ぶなんて、矛盾のようなものを感じるのは否《いな》めません。

でも、最初から天才的な商才を持って生まれた一部の人を除いては、シンプルな姿に行き着くために、複雑なことを通り過ぎなければならないようなのです。

そこで、いったん、頭を白紙に戻して、『売れる力学』のノウハウを身につけてほしいのです。

この本では、ビジネスをシンプルな姿にするために、いろんな切り口でヒントを提供していこうとしています。何よりも、役立つ情報を優先して網羅しています。

ですから、この本を読みすすめる上で、是非アンテナを立ててみて下さい。

「私のビジネスをもっとシンプルにするには？　そのヒントは？」

これを頭の片隅に入れてお読みいただきたいのです。

入門者にとっては、いろんな切り口で『売れる力学』を語っていますから、業績アップのプロセス全体を鳥瞰《ちょうかん》するために読まれると良いかもしれません。

マーケティングを実践中の人には、いまやっている試行を軌道修正する際の、ヒントになるでしょう。

また、一定の試行錯誤をしたあとの人にとっては、新たな理論知識は得られないかもしれませんが、これまでの取り組みを振り返りながら、チェックするための本になっています。

いろんな方に、いろんな役立て方をしてもらえれば、著者としてこれ以上の幸せはありません。

とても大切なことなので、繰り返します。


業績アップは科学であり、そこには、【売れる力学】が存在するのです。

売れる力学——【目次】

まえがき　業績アップは科学であり、【売れる力学】が存在する。――1

1章●どんな会社にも強みがある
それを活かせば必ず業績は上がる

Q1――なかなか儲かりません。うちのような何の取り得もない会社はどうすれば良いのでしょうか？――17

Q2――いろいろやってはみるんですが、なかなかお客さんがつきません。どうしたら良いでしょうか？――24

Q3――自社の強みがわからないのですが、どうすれば良いのでしょうか？――30

Q4――評判の良い同業者のやり方を参考にしようと思うのですが、どうでしょうか？――41

Q5――お客さんに自社の強みを教えてもらうには、どうやって聞いたら良いのでしょうか？――49

Q6――お客さんに対して「これだけはやってはいけない」という質問の仕方がありますか？――54

2章● できの悪いチラシや広告はこの点を直すだけでジャンジャン電話がかかってくる

Q7—何度も繰り返し広告を出しているのに、なぜ効果がないのでしょうか?——62
Q8—写真やイラストをふんだんに使ったわかりやすい広告なのに、なぜ反応が悪いのでしょうか?——68
Q9—商品には自信があるのになかなかお客さんがつきません。なぜ売れないのでしょうか?——77
Q10—うちの会社にお客さんが集まらないのは、知名度が低いからでしょうか?——83
Q11—広告の効果が上がらないのは、ひょっとして媒体選びが間違っているからでしょうか?——89
Q12—チラシをいつ配ればいいのかよくわかりません。タイミングはどう考えれば良いのでしょうか?——95
Q13—お客さんからの問合せ数を増やしたい。どうすれば良いのでしょうか?——99

Q14―低予算で効果的な広告を打つには、どうすれば良いのでしょうか?―104
Q15―効果的なチラシかどうかをチェックする、何か目安になるようなものはありますか?―114

3章●たったこれだけの仕掛けで、最強のダイレクトメールが作れる

Q16―ダイレクトメールを開封してもらうための、何か良い方法はありませんか?―119
Q17―ダイレクトメールの内容物は、三種の神器―123
Q18―儲かるセールスレターにするには、いったい何を書けば良いのでしょうか?―130
Q19―インパクトのあるキャッチコピーって、どうやって作ったら良いのでしょうか?―136
Q20―文章を書くのが苦手です。お客さんのハートを一発でつかむ何か良い方法はありませんか?―143

Q21 「お客さまの声」は、どのように使えば良いのでしょうか？ 149
Q22 ダイレクトメールを送ろうと思うのですが、どうやってターゲットを絞れば良いのでしょうか？ 157

4章● このオファーテクニックを使えば笑いが止まらないほど見込み客が激増する

Q23 無料の小冊子やガイドブックをプレゼントしようと思います。どんな点に注意すれば良いでしょうか？ 165
Q24 無料サンプルは、どう使うのがいちばん効果的ですか？ 177
Q25 劇的な期待を保証する、返品返金保証をやろうと思うのですが、どうでしょうか？ 185
Q26 お客さんの値引き要求に困っています 189
Q27 不採算部門があります。切り捨てるのは簡単ですが、何とかお客さんの掘り起こしに使えないものでしょうか？ 194

Q28　起業家向けの無料の適性診断テスト！　200
Q29　下取り制度を利用しようかと思っているのですが、どんなものでしょうか？　203
Q30　売れるオファーを発想する、何か良い方法はありませんか？　205

5章●「魔法のセールストーク」でボツ客もたちまち現金に換わる

Q31　お客さんはそこそこ集まるようになっているのですが、注文にまで至りません。なぜ成約に結びつかないのでしょうか？　211
Q32　お客さんが本当に望むものを提供するには、どうすれば良いのですか？　217
Q33　お金をかけずに、簡単に早く売上をアップしたいんです。何かいい手はありませんか？　226
Q34　ボツ客をボツ客のままにしないで、有効活用する何か良い方法はありませんか？　230

Q35 売れ行きがいま一つなのは、ひょっとして値段が高すぎるせいでしょうか？ 233

6章● これさえ知っていれば成功する経営者になれる

Q36 いま起業を考えています。どんなビジネスが有望でしょうか？ 243
Q37 インターネットで通販ビジネスを始めようと思っているんですが、うまくいくでしょうか？ 249
Q38 脱サラして会社を始めようと思っています。何と何と何が整ったら準備ができたと言えますか？ 259
Q39 自分は経営者(起業家)に向いているでしょうか？ 262
あとがき 265

装幀・本文設計――川畑博昭
装画――村上モトヒロ+かねこくみ

1章

どんな会社にも強みがある
それを活かせば必ず業績は上がる

世の中には、様々な商品やサービスが溢《あふ》れています。

ビジネスの世界で生き残るために、凌《しの》ぎを削って差別化を図ろうとします。

その結果、世の中に色んな商品やサービスが溢れました。

インターネットやテレビ・雑誌も、次から次へと新しい新商品・新サービスを紹介してくれます。

買う側から見れば、選択の機会が豊富になったわけです。

でも同時に、「いったいどれが良いのか?」それが、わからないほどに選択の機会が増えてしまったとも言えるのです。

だからこそ、売る側は声高に叫ぼうとします。

「うちの商品・サービスが一番です!」

ところが、隣の店でも同じことを言っているのです。

全員が、「うちの商品・サービスが一番です!」と叫んでいるわけです。

買う側から見れば、どこも同じことを言っているように聞こえます。

やっぱり、「いったいどれが良いのか?」は決められないままです。

さて、あなたはお客さんに何を伝えれば良いのでしょうか?

それがわかるだけで、抱えている問題の8割方が解消されていくのです。

Q1 なかなか儲かりません。うちのような何の取り得もない会社はどうすれば良いのでしょうか？

●――どんな会社にも必ず独自の強みがある

最初にこれだけははっきりさせておきましょう。

この世に何の取り得もない会社なんて絶対にありません。よその会社にはない強みや利点や長所が、必ずあなたの会社にもあります。

私がそう言うと、「信じられない」という顔をする人がいます。事実、多くの経営者の方は、次のように嘆きます。

「うちの会社には強みがない。会社は小さいし、知名度はないし、ネームバリューのある商品はないし、人材は不足しているし、企画力はないし、広告は下手だし、営業の拠点は少ないし……」

もう、まるでモテない男性の、弱気な相談を受けているような気分です。

「どうせ、オレなんて顔は良くないし、背は低いし、三流大学出だし、スポーツはできないし、おしゃれじゃないし……」

そう言っているのと同じなのです。スネて、ひがんで、イジけていても状況は変わりません。むしろ、そんなことばかりウジウジ考えていると、それが余計顔に出てしまって、素敵な笑顔も台無しなのです。

いいですか？　実はこれって、会社経営もいっしょなんです。

「うちの会社には何の取り得もないし……」と社長さんが思ってしまったら、社員も必ずそう考えるようになります。変なところで全社一丸となって、上から下まで「どうせうちなんて……」とネガティブになっている会社に良い仕事ができると思いますか？

できるはずありませんよね。

でも、安心して欲しいのです。この世に強みのない会社なんて存在しないのです。

１００の会社があれば、１００の経営者がいて、１００様の経営をすればいいのです。

必ず独自の強みや利点や長所があります。

これを「ＵＳＰ」(Unique Sales proposition) と言います。

１００社あれば、１００様のＵＳＰがあるのです。

「うちの会社なんて……」と、もし、あなたが思っていたとしても、あなたの会社にも、よその会社に負けない素晴らしい特長が必ずあるということです。たとえ儲かっていない会社でも、必ずその会社独自の強みがあるのです。

ただ、それに気づいていないだけなのです。

「いや、でもうちはほんとにダメで……」

そう思ったあなた。それならば聞きますが、なぜあなたの会社は潰れないんですか？　あなたの会社には本当にお客さんがゼロなのですか？


口では儲かっていないと言っても、何とか会社は続いているし、社員の給料も払っているわけでしょう？　カツカツかもしれないけれど、何とかお金のやりくりもして、それなりに会社を運営しているわけじゃないですか。

本当にお客さんがゼロなわけではないでしょう？

ということは、何の取り得もないなんてことはあり得ないんです。なぜなら、あなたの会社にはちゃんとお客さんがついているからです。

確かにその数は、よその儲かっている会社ほど多くはないかもしれません。でも、そのお客さんは、よその会社ではなく、わざわざ、あなたの会社を選んでくれたのです。

なぜ、よその会社ではなく、あなたの会社を選んだのでしょうか？

それは、そのお客さんにとって、よその会社にはない何か得《とく》することが、あなたの会社に

あったからです。あなたの会社を選んだ理由が、そこに存在した証拠なのです。

「たまたま偶然の来店で……」でしょうか？

もし偶然なら、もしかしたら偶然通りかかった人が来店しやすい立地を持っているのかもしれません。もしそうなら、今よりも目立つ看板を設置すればいい。

同じように、ひょっとしたら、それは「家に近いから」とか、「車で買い物をするのに便利だから」とか、「レジの女の子が可愛いから」とか、一見すると、あなたにとっては取るに足りないことかもしれません。

でも、それが「お客さんが、あなたの会社を選んだ理由」だとすれば、それってやっぱり、よその会社にはない、あなたの会社が独自に持っている立派なＵＳＰになる可能性は高いのです。

だとしたら、その強みを見極めて、もっと活かすことを考えればいいのです。

あなたの会社ならではの強みがあるのに、それに気づかず、活かせていない会社が多すぎます。あなたの会社の良さを、あなた自身がわかっていなければ、お客さんにアピールできるはずもありません。

アピールしていないのだから、お客さんも、あなたの会社の良さを知ることはできません。それってあなたの会社のみならず、社会的にも大きな損失になっているのです。

●地元だからという理由だけで選んでくれるお客さんもいる

大事なことなのでもう一度言います。

独自性のない会社なんて絶対に存在しません。どんな会社も必ずその会社だけのＵＳＰを持っています。それに気づいていない経営者の方が多いだけなのです。

あるいは、本当の強みは別のところにあるのに、「自社の強みはこれに違いない」とまったく的外れのことを勝手に思い込んでいたりするのです。

実を言うと、私自身がそうでした。

名古屋でコンサルティング会社を立ち上げて、間もない頃のことです。私は自分のＵＳＰは、「マーケティング・スキルの高さ」であり、「コンサルティングのクオリティ」であるべきだと思っていました。お客さんもそれを期待してコンサルティングの依頼をしてくれるのだと考えていました。ですから、それをアピールの柱に置いていたのです。

ところがあるとき、資料請求してきたお客さんに、「なんでうちだったんですか？」とたずねたところ、思いもよらぬ返事をもらい、ハンマーで脳天を叩かれたような衝撃を受けました。

「まぁ、マーケティング・コンサルの数が多すぎて、皆さん良さそうな方だし、誰が良いの

か、正直言って判断できません。でも、佐藤先生は地元だから、なんとなく親近感あるし。そんな感じでしょうか……」

「が――――んっ！」。クオリティの高さなんて、伝わっていない。その上、「地元で近いから」。それだけだったんです。そりゃ猛烈なショックでした。

「オレは日本中を相手にビジネスをしていくんだ。日本中が商圏だぁ！」

そう思っていたのに、まさか「地元だから」などという理由で資料請求してくる人がいるなんて思ってもいなかったのです。でも、すぐに、「そうか！」とも思ったんです。

「地元だから、という理由で選ぶ人もいるんだよな」と……。

人によっては、「名古屋は閉鎖的な県民性があるから、名古屋でビジネスを成功させるのは難しい」という先入観を持たれている方もいます。

実際にはそんなことはないと思うのですが、もし、そういう先入観を持っている人が多いのであれば、「日本で最もビジネスを成功させるのが難しい名古屋で、いかに成功するか？」の名古屋商法ノウハウは、他の地域にも十分にアピールすべきポイントでしょう。

そういうプロモーションの仕方も、確かにあるなぁ……。

それに、地元名古屋で受け入れられやすいのであれば、地元でしっかりと地に足をつけたコンサルティングをして、実績を残していくことも大切だとも思いました。

事実、私はコンサルティング会社を創業した当初は地元のクライアントさんばかりでした。そうやって「地元だから」という理由で受け入れてくれたクライアントさんがいたからこそ、私はスキルもどんどん磨くことができたし、実績も残せた。だからこそ、いまの私があるのです。

【ポイント】
①どんな会社にも必ずＵＳＰ（独自性）はある。
②ほんの小さなＵＳＰも大きな飛躍の突破口になる。

■事例1／「地元だから」という理由だけで会社を選ぶ人もいる
──「地元」をアピールすることで成功している広告

私が住宅リフォーム会社を経営していた時、とても面白いことがありました。

私は新聞折込チラシを使って、お客さんからの問合せをいただくというビジネス・スタイルをとっていました。そのチラシに、ちょっとした仕掛けをしたという話です。

私の会社から、車で20分ほど離れた地域外からの電話がかかってこなかったのです。どうして電話がかかってこないのか？

それが、あるお客様との会話がヒントになって解けたのです。私から見れば、十分に商圏内。でも、お客さんは「こんな遠くまで来てくれるのかな?」と感じていたらしいのです。そこで私は、新聞折込チラシの外周に、《A町、B町、C町、……のお客様、どうぞお問合せ下さい》と書きました。たったそれだけで、電話の本数が増えたのです。

「地元だから」は、一見すると取るに足らない利点のように思えますが、特に地域密着型のビジネスにおいては、「地元」という意識を理解することなしに、成功することは難しいのです。

Q2 いろいろやってはみるんですが、なかなかお客さんがつきません。どうしたら良いでしょうか?

●——なぜ、お客さんが集まらないのか?

「お客さんがつかない。見つからない。ダイレクトメールを送っても、チラシや広告を打っても反応がさっぱりだ……」。

そんな相談をよく受けます。

なぜ、いろいろやってはみるのに、お客さんが見つからないのでしょうか？

ズバリ言ってしまえば、〝的外れのアピール〟をしているからです。

自社のＵＳＰがわからなければ、適切なアピールなどできるはずがありません。それなのに、「チラシの色を変えれば目立つのでは？」「タイトルキャッチコピーを良くすれば！」と、小手先のテクニックで状況を打開しようとする。

それははっきり言って大いなる誤解であり、とんでもない間違いです。

大事なことは、まず何をおいても自社のＵＳＰを掘り起こすことです。他社にはない事業の特性や持ち味、強みを探し出すことです。その上でそのＵＳＰを世間にアピールするのに最もふさわしい方法を考える。これが正しい手順です。

それがきちんとできれば、問題は8割方解決します。そして確実に業績は上がります。ライバル社に先駆けて自社のＵＳＰを把握し、適切にアピールすることができれば、マーケットで圧倒的優位を確立することができるのです。

しかし、現実には、自社のＵＳＰに気づかないまま、実に多くの会社が無駄に経営資源を使っています。

本当は、誰もが、自分たちだけが掘り当てることのできる宝の山の目の前に立っているのです。なのに、それに気づかず、「宝の山はどこだ?」と一生懸命探している。

実にもったいない話です。

それどころか、儲かっていそうなよその会社のやり方が、つい気になってしまう。自社のUSPより他社の良いところばかりに目を向けてしまう。挙げ句に、マネてみたりする。

それって実は、女性がブランド物を身につけたがる心理によく似ています。そこには自分に似合うかどうかの判断は存在していません。

「あんな女性みたいになりたい」、そう思った瞬間に思考停止です。

自分の良さを引き出してくれるならいいのですが、実際にはそうではない。むしろ、その人の良さを殺してしまっていることの方が多かったりするのです。

人は、なかなか自分の良さに気づこうとしません。そして他人の良いところばかり見てしまう。人間って本質的にそういうところがあります。

だからこそ、自分の良さは意識して探さないといけない。そうしないとなかなか本当の自分は見えてこないのです。

【ポイント】
③儲からないのはUSPに気づかず、的外れのアピールをしているからだ。
④自社のUSPを把握し、適切にアピールすれば、確実に業績は上がる。
⑤「どのようにアピールするか?」よりも「何をアピールすべきか?」を先に考える。

■事例2／「うちの強みは親会社がゼネコンだということ」
――とびきりのUSPに気づいた工務店

「家を建ててくれるお客さんがいないんです」

「でも、これまでに建ててくれた方もいたわけですよね。なぜ御社で建てたんだと思いますか?」

「わかりません」

「うーん。でしたら、最近建ててくれたお客さんの名前をあげてみて下さい」

「○○さんです」

「ほかには?」

「△△さんです」

「ほかには?」

「□□さんに、◎◎さんもそうです」

「なんだ、4人もいるじゃないですか」

「はあ」

「では、その個別のお客さんについてうかがいます。その4人のお客さんは、ほかにも工務店があるのに、なぜ御社に頼んだんだと思いますか?」

「ああ、そう言えば、○○さんに言われことがあります。実はうちの親会社はゼネコンでして、地元の小学校や警察、公民館なんかを建てているんです。それで、そんなに大きくて有名な会社が親会社なら安心だ、しっかりしてるに違いない。それで頼んだって言ってました」

「親会社はゼネコンさんなんですか⁉」

「そうなんです。ああ、そう言えば、△△さんもそんなことを言ってたなあ。□□さんも、◎◎さんもそうですわ」

「みなさん、それが御社に頼んだ理由なんですね。ではうかがいますが、あなたの会社では、親会社が地元の公共工事を請け負う、有力なゼネコンだということを広告でうたっていますか?」

「いや、うたってません」

「それってすごい強みじゃないですか。なぜ広告にうたわないんですか?」

「ああ、そう言えば、そうですね」

「うたいましょうよ!」


三重県で工務店を経営している相談者は、たったこれだけの会話を交わしただけで、自社に眠っていたとびきりスペシャルなUSPを見つけ出すことに成功しました。

何しろ県内に公共工事を受注するAランクの有力ゼネコンを親会社に持つ工務店は、相談者のその会社一社しかありません。ものすごい独自性、USPなのです。

なのに、そのことに当の相談者自信が気づいていませんでした。

「いくら歩いても宝の山は見つからない。やれやれ困った、どうしよう……」、そう思っていたら、実は自分の登っている山こそが宝の山で、とてつもないお宝が眠っていたのです。

相談者は自社のUSPを掘り起こすことで、やっとそのことに思い至ったのでした。

早速、その工務店はチラシで、次のようにアピールしました。

「小学校、公民館をつくる技術力で、あなたの家を建てます。親会社は○○建設です」

これを見た人は、「ああ、あの会社の系列なんだ」と初めてその事実を知り、「だったら、しっかりしてそうだな」と、この会社の現場見学会は盛況になったのです。

Q3 自社の強みがわからないのですが、どうすれば良いのでしょうか？

●――USPはお客さんに聞くのが一番手っ取り早い

私は、上場企業から個人事業者までの幅広いクライアントから、年間1000件以上の販売促進に関する相談を受けてきました。

そうした数多のコンサルティングを通じていつも思うのは、自社の本当の良さを理解していない経営者の方が驚くほど多いということです。「なぜだ？」と不思議になるくらい多い。おそらく自社のUSPに気づいている経営者の方は半分もいないでしょう。

では、どうやったら自社のUSPを見つけることができるのでしょうか？

答えは、拍子抜けするほど簡単です。

USPはお客さんに聞けばいい。なぜなら、お客さんこそが、あなたの会社の良いところを一番よく知っているから。

「なんだ、そんなことか！　当たり前じゃないか！」とがっかりした方もいるかもしれません。

でも、世の中の真実って、実はものすごく単純でシンプルだったりするのです。さらには、ものすごく単純でシンプルなことができていない人が多いのも事実なのです。

たとえば、米国大リーグ、マイナーズのイチロー選手。あるときテレビで「何でそんなにヒットが打てるんですか？」と聞かれた彼は、ただ一言、こう言いました。

「ボールをよく見て打てばいいんですよ」

あるいは、ある著名な経営者の方から、こんな話を聞いたことがあります。

「経営って、垢《あか》すりだと思うんですね。余計な理論だとか戦略だとかをどんどん取り入れると、何だか仕事をやっているような気になりますけど、気をつけないと一番大事なことが見えなくなる。会社の経営って、要はお客さんのニーズにどう応えるかでしょう。その根本を忘れたらいけませんね。だから、頭でっかちにならないように、余計なものは垢すりのように、常にこそげ落とすよう心がけて、根本に立ち返られないといけない。それが経営の肝だと思います」

つまり、何が言いたいかというと、難しいことをやり遂げるには、それをいかに単純化して思考できるか、だと思うのです。

自社のＵＳＰ探しもそう。人は他人のことはわかっても、自分のことはなかなかわからないものです。自分の頭であれこれひねくりまわしても、本当の自分はなかなか見えてこない。だったら、自分のことをよく知っているお客さんに聞いてみればいいんです。もちろん、その方法だってシンプルでいいのです。

「ライバル社もあるのに、何が良くて、わざわざ弊社を選んでいただけたんですか？」

これが自社のUSPを知る一番手っ取り早くて確実な方法だからです。

本当に売上は、ゼロなのか？

「儲からないんです。どうしたらいいでしょうか？」

私はクライアントさんからそういう相談を受けると、真っ先に次のように質問します。

「儲からないと言われますが、本当に売上はゼロなのですか？」

「そりゃ、ゼロじゃありませんよ。食べるのはキツイですけど、あることはあります」

「なら、お客さんはいることはいるんですね？」

「います。わずかですが、いることはいます」

「なら、そのお客さんは、どうしてよその会社ではなく御社を選んだのですか？　何が良くて御社にきてくれたと思いますか？　御社のどこが良かったんでしょう？　いったい何が決め手だったんでしょうか？」

「それは……」

この段階で、その理由を答えられる相談者の方もいますが、多くはありません。大半の方が、なぜお客さんが自分の会社を選んでくれたのか、その理由を答えられないのです。

「え、それは……」と言葉に詰まってしまう。自社のＵＳＰがわかっていないからです。

私は相談を受けたら、まずその事実に気づいてもらいます。なぜなら、自社のＵＳＰを知らないことが、ビジネスをやる上でいかに致命的であるか、それを理解してもらいたいからです。

自社の強みがわからなくて、いったいお客さんに何をアピールするんですか？　お客さんの心を動かすような効果的な販促ができますか？

もし、自社の強みがわからないという方は、「ライバル社もあるのに、何が良くて、なぜわざわざ弊社を選んでいただけたんですか？」と先の質問をそのままぶつけてみて下さい。自分でわからないなら、お客さんに教えてもらえばいいんです。

具体的には、アンケート用紙を送ってもいいし、直接面談して話を聞いてもいい。方法は何でもかまいません。そうやって最低でも10件、できれば20件くらい「お客さまの声」を集めて下さい。

そうすれば、「へえ、こんな理由でうちの会社を選んでいてくれたんだ」ということが自然に見えてきます。

　その際、一つ注意してほしいのは、お客さんの言葉を自分の言葉に置き換えないことです。ボイスレコーダーなどに収録した声や、紙に書いてもらった言葉そのものからお客さんの真意を読み取るようにして下さい。自分の言葉に置き換えた瞬間にお客さんの気持ちが見えなくなることがあります。それだけは注意してほしいのです。

「10も20も、そんな事例を集められるだろうか……」

　そんな不安をお持ちの方がいらっしゃるかもしれません。しかし、「集められますか」と聞けば、ほとんどの人が「集められる」と答えますし、実際、集めてきます。起業したばかりの未熟な駆け出し経営者でも10人は集めてきます。

それに、その程度の感想・声を集められないようであれば、私に相談するまでもなく、その会社はとっくに潰れています。

　そうやって「お客さまの声」を集め、そこから自社のUSPを掘り起こしていきます。USPは1つしかない場合もあれば、3つ、4つとある場合もあります。一般に会社規模が大きいほどUSPの数は多くなります。

　自社のUSPがわかったら、それを世間に向けて適切に表現することを考えます。いくら自社のUSPがわかっても、それをうまく伝えることができなかったら、結局は知らないのと同じだからです。たとえば、自社のＵＳＰをアピールするには、どんな媒体がいいのか？どんなツールを使えばいいのか？　どんな仕掛けをすればいいのか？――。

そうやって販促のための具体的な処方箋の設計を行なうのです。

これは１００社１００様になるはずです。１００社あれば、最低でも１００のＵＳＰがあるわけですから、一つとして同じ処方箋はありません。

つまり、ＵＳＰを知ることが、処方箋の大前提であり、ＵＳＰがわからなければ、自社にとって最適な処方箋も書けないわけです。

●褒められたことは暗記するまで繰り返し読む

私はお客さんになってくれた人に、「なぜ、弊社なんですか？　弊社のどこが良かったのですか？」と定期的に聞くようにしています。

なぜかと言うと、私のアピールポイント（ＵＳＰ）だって、変化していく可能性があるからです。それを定期的に調査してフォローしていく必要があるのです。

私が営業トークのビジネス書を執筆した時には、「即効性のあるセールストークをアドバイスしてもらえそうだと思ったから」というお客さんが多かった時期もありました。

しかし、「心理学に詳しそうなので、お客さんを心理操作する方法が教えてもらえるかも……」とか、「文章に、なんだか温かさを感じるから」などという、優しい言葉もいただきました。

そんなことは、自分で気づこうと思っても、なかなか気づけることではありません。

だからこそ、そうやって繰り返し、定期的に「お客さまの声」を集めることで、USPの陳腐化を防ぎ、鮮度の高さを維持していくわけです。

私自身も、クライアントさんからの声を通じて、自分の意外なUSPを教えられたことがこれまでに何度もあります。私は先生と呼ばれますが、私の先生はクライアントさんでもあるのです。

また、もともと私は、自分のことを褒めてくれる言葉にとても敏感です。

「佐藤さんの言葉に勇気が湧《わ》きました」なんてメールをもらったら、もう嬉しくて暗記するまで読んじゃいます。

そうしたお褒めの言葉を定期的に総ざらいでチェックし、自分のUSPを確認し、世間が自分に求めているものは何なのかを確認し、判断し、必要に応じて修正していくわけです。

世間が自分に求めているものが未来永劫同じなどということはあり得ません。もちろんそれは、世間一般の企業も同じなのです。

たとえば、あなたの会社に対する社会的ニーズは、果たして10年前と同じなのかどうか？

もし違うのであれば、今のニーズに合わせて品揃えを変えたり、自社の強みやアピールポイントを見直す必要があります。

いずれにしろ経営者でも営業マンでも、自社や自分のUSPを指摘してくれたお客さんの言葉は、暗記するまで繰り返し読むことをお勧めします。そして、そこからお客さんの思いをとことんくみ取るのです。

しかし、ほとんどの経営者の方は、「お客さまの声」に「営業マンがいい感じだったから」などと書かれていれば、「そうか、評判がいいか。うん、良かった、良かった」で終わってしまいます。

そこから何かを読み取り、学ぼうとする姿勢がほとんどない。それではいけません。

たとえば、「佐藤さんと話していると勇気が湧く」と言われたとき、私は、「なぜ、やる気じゃなくて、勇気なんだろう」と思いました。

「あれは私への電話相談だったよな。直接面談しても同じように感じるんだろうか。なぜこの人は勇気という言葉を使ったんだろうか。ほかに適当な言葉が思いつかなかったんだろうか」

そんなふうに一件の声からいろいろな可能性を考え、私のＵＳＰの実像を深めていくのです。いくら考えても思い当たるフシがなければ、メールで直接たずねます。

「ぜひ教えて下さい。〝勇気が湧いた〟って、もう少し具体的に教えていただけませんか？いつのことでした？」

わからなければ、もっと掘り下げて聞くのです。私は、そうやってお客さんとのキャッチボールは、どんどんやるべきだと思っています。

【ポイント】

⑥自社のUSPはお客さんが一番よく知っている。

⑦「お客さまの声」を最低10件集める。

⑧「お客さまの声」は定期的にフォローしUSPの鮮度を維持する。

⑨褒められた言葉を暗誦し、その意味を深く読み解く。

■事例3／「私の父親はもともと宮大工だった」
——高度な伝統技術をアピールした工務店

あるとき工務店の2代目経営者の方から、相談を受けました。そのとき彼は、ライバル会社の広告をそっくりマネて広告を製作していました。

なぜモノマネだと一瞬で見破ったのか？

それは、彼のライバル会社は、私のクライアントさんだったからです（笑）。

「どうしてこの広告のマネをされたのですか？」

「いやぁ……、この広告だとお客さんの資料請求が多いと聞いたので……」

まったくもう（苦笑）。でも、仕方ありません。100社あれば100種類のアピールポイントがあるとは、誰も思っていないはずですから。

そこで彼に、詳しく説明をすることにしました。「あの広告は、あの会社が、〝うちの独自性は何か〟、と自問する過程を経て導き出された、あの会社独自の広告であって、あなたの会社がそのままモノマネしてもうまくはいかない。大事なのは、あなたが、〝うちの会社の独自性は何か〟を自問し、それを導き出すことです」と。

そこで、2代目経営者のクライアントさんには、「あなたの会社は世界に一つしかないんです。よそにマネのできないUSPが必ずあります。それを探しましょう」と提案しました。

すると、お客さんの声から思わぬUSPが見つかったのです。

「○○さんは、知人の紹介だったんですが、私の父親がもともと宮大工なのを知っていて、和室とか上手に丁寧に作ってくれそうだから、という理由で決めてくれたんです」

「え、宮大工だったんですか⁉」

「ええ、そうです」

「どうしてそんなわかりやすい特長を、最初から言わないんですか？　それ使いましょうよ。《宮大工の伝統技術でつくるローコスト住宅》ってチラシに書いたらどうです？」

「はぁ……ああ、そうですね。私が生まれた時から当たり前のことだったので、気づきませんでした……」。

面白いでしょう？　私はただ、クライアントさんと話をしていただけです。そして、相手が自分でUSPに気づいていくプロセスをお手伝いしたに過ぎません。

でも、その作業は、意外と自分ではできないのです。人のことはわかっても、いざ自分のこととなると、まるで見えなくなってしまうようなのです。

己を知るのは難しい。だから私のような仕事も成立するのかも知れません。

Q4 評判の良い同業者のやり方を参考にしようと思うのですが、どうでしょうか？

●──「これって、めちゃくちゃヤバくないか!?」と、頭を抱えた日

私はコンサルタントになる前に住宅リフォーム会社を経営していました。住宅リフォーム会社を起こす前は畑違いの都市ガス会社のサラリーマンでした。

まったくの異業種脱サラでしたが、ゼロからスタートし、3年で約3億円の売上げを誇るまでに会社を育てました。しかも社員はたったの4人。新人営業マンが1人いましたから、実質3・5人です。業界的にはそこそこ成功していたと思います。少なくとも地域ではナンバー1のリフォーム業者でした。

しかし始めた当初は、仕事が取れずにほんとうに苦労しました。住宅建築の知識もなければ、業界の常識もまるで知らない。毎日毎日、飛び込みの営業に駆けずり回っても、ちっとも相手にされません。チラシを配ってもまったく反応がないのです。

脱サラして始めた会社ですから、注文がなければ、収入はゼロです。そして仕事が取れず、

貯金を取り崩しての生活が続くと、何とも言えない不安や恐怖感に襲われるのです。

「これって、めちゃめちゃヤバくないか⁉」

私は頭を抱えてしまいました。

そんなある日、たまたま本屋さんで立ち読みしたチラシの本に、住宅リフォーム業界の新聞折込チラシの成功例が載っていました。

私はそこに書かれていた埼玉県のリフォーム会社に、「御社のチラシをマネせて下さい」とお願いをするため、訪問させていただくことができました。

「あんた、名古屋だよね。うちとは競合しないから、まあ、いいけど……」

なんと！　そこの社長は気前よくその会社のチラシを「マネしてもいいよ」と許可してくれたのです。早速、とりあえず3万枚印刷し、近隣に8000枚だけ配ってみました。

「よし、これでジャンジャン電話がかかってくるに違いない！」

私は期待を胸に電話を待ちました。

しかし、思ったほど電話は鳴りません。少しはかかってくるのですが、全然収支が合わないのです。

「なぜ埼玉の社長だとうまくいって、俺だとダメなんだ⁉」

私は、不思議でなりませんでした。

ふと、「これって地域性か？」と思いました。どれだけ考えてもわからないので、数少ないお客さんたちに聞いてみることにしたのです。

私は、もともとわからないことは躊躇《ちゅうちょ》なく人に聞くタイプの人間です。道に迷ったらすぐに聞く。トイレの場所がわからなければ、すぐに店員さんに聞く。できるだけスピーディに参考情報を手に入れないと気がすまないからです。

相手が先生だろうと、親兄弟だろうと、友だちだろうと、見ず知らずの人だろうと、お客さんだろうと一緒です。子どもの頃からそうでした。それが一番手っ取り早いことを経験的に知っていたのです。

当時は、何より追い詰められていたし、ほかに手もなかった。その意味では窮余《きゅうよ》の一策《いっさく》、最後の一手、そんな気分でもありました。チラシを絶対に成功させると心に決めていたのです。

一番最初に訪ねたのは美容院の女性オーナーでした。自社のチラシと菓子折りを一つ持って、家まで行きました。

「このチラシをご覧になってお電話いただけましたよね。なぜよその会社ではなく、当社だったんですか。何が良かったんですか？」

「ほら、あんたの会社だけはさ、〝〇〇円～〟とか、〝〇〇万円より〟っていう、あいまいな金額表示がなかったから安心だったのよ」

その当時の私は、アルミニウムの駐車場カーポートは、どんな工事でも金額はほとんど一緒なので、○○円～という表記を消して、ポッキリ価格で出していました。それが気に入ってもらえたようなのです。

そこで私は、全部の工事金額から、〝○○円～〟とか〝○○円より〟という表記をやめ、すべてポッキリ価格に変更したのです。もちろん損をするのではないかと心配はありました。でも、その心配は不要でした。ほとんどのお客さんは「これは参考価格だよね。だから我が家の見積りをお願いできますか？」と問合せをしてくれることがわかったからです。

結局、チラシに表記はしていても、明瞭金額の潔《いさぎよ》さをアピールしたことで、安心してくれたようなのです。事実、確実に電話の本数が増えたのです。

自社の強みと他社の強みは違う

それ以来お客さんに次々会って、「なぜ、よその会社ではなく、うちだったのですか？」と聞いて歩きました。

「なぜうちに電話してくれたんですか？」

「〝見積もりだけでもいいですよ〟と、小さく書いてあったから」

「それが書いてなかったら、電話しませんでしたか?」

「どうかなぁ……わからないなぁ……」

「なるほどぉ〜! そうかぁ〜!」

早速、チラシのヘッドラインのコピーを変えました。

「見積もりだけでもいいですよ!」と大きく書くようにしたのです。

たったこれだけでも、電話の本数は、確かに増えていくのです。

ただ、それでもマンション・リフォームの工事メニューには、まるで問い合わせが入りません。

統計を取っていくうちに、すぐに合点がいきました。

「うちの商圏、マンションが少ないんじゃ⁉」

またまた、「そうかあ!」です。そんなことにさえ気づかなかった自分が、恥ずかしかったぐらいです。すぐに近隣の住宅地図を広げてマンションを数えてみました。案の定、チラシをマネさせてもらった埼玉のリフォーム業者の商圏ほどマンションが多くないのです。早速、マンション・リフォームのメニューを外して、「戸建て専用!」をうたうようにしました。

そうやって、お客さんの声を聞きながら、地元のことを知りながら、チラシの内容をどんどんどん変えていったのです。するといつの間にか、埼玉のチラシとは全く別ものになっていたのでした。

どんなに業績の良い会社のチラシをマネしたところで、それはその会社のＵＳＰをアピールするのに最適な設計がされているのです。だから、私の会社がそのままマネして使ったところで、うまくいくはずがないのです。

何をどうすればいいかは、すべてお客さんが知っています。ですから、わからないことは、お客さんに教えてもらえばいいのです。私の会社は、そうしたお客さんとのコミュニケーションを通じて自社のＵＳＰを教えられ、育てられ、地域でナンバー１のリフォーム業者になったのです。

【ポイント】
⑩自社の強みと他社の強みは違う。
⑪儲かっている会社のチラシをそのままマネしてもうまくはいかない。

■事例４／「自社の実力を過小評価していた」
――ＵＳＰがいくつもあったのに気づかなかった工務店

愛知県のある工務店の社長さんからこんな相談を受けました。

「うちと同じように、ゼネコンを親会社に持つ三重の工務店さんを参考にして、こんなチラシにしようと思うんですが……」

「確かに御社も同じ背景を持たれていますからOKだと思うのですが、念のためにうかがいます。御社はどんなお客さんが多いんですか？　どういう理由で仕事を頼むんですか？」

「○○さんは、うちがやった二世帯住宅の現場見学会に来て、えらい間取りを気に入ってくれまして……。それでお客さんになってくれました」

「なるほど。間取りに工夫でもあったんですか？」

「ええ、二世帯なので、嫁姑さんが気兼ねなく友達を呼べる間取りに工夫をしまして……」

「その特長をチラシにどうして書かないんですか？　それから、御社の商圏では、そうした二世帯住宅というのは多いんですか？」

「言われてみれば増えているような気が……」

「5年前と比較して、具体的に何件の増加なんですか？」

こうして、二世帯住宅のニーズが確実に増えてきていることがわかりました。さらにこのクライアントさんは、すでに二世帯住宅専用の間取りのノウハウも保有していたのです。

こうなれば話は早い。

二世帯住宅専門の現場見学会を開催することが決定され、そのチラシを配布したのです。

結果は見事、ビンゴでした。

また、この工務店さんには、この他にも2種類のお客さんがいることがわかりました。定年退職された方で、いまの家は広すぎるから、平屋の家がいいなと思っているお客さん。もう1種類は、若い方で普及住宅をほしがっているお客さんです。

こうして、このクライアントさんには3つの柱があることがわかってきたのです。
①若い人向けの普通の家②リタイアした人向けの平屋の家③二世帯住宅――。
結局、「二世帯住宅を建ててくれた○○さんは、親会社がゼネコンで信用があるというのと、友だちが気がねなく呼べそうな間取りだから、という2つの理由を言ってましたね」

「でしたらチラシには、《気がねなく友だちが呼べる二世帯住宅。完成現場見学会》というのを表面に。そして裏面に《当社はゼネコンが母体の会社です》とやりましょう」とアドバイスしました。

この会社には、親会社がゼネコンであること以外にも、優れた商品特性まであったのです。

それらを盛り込んだ先の2本立てのチラシ、言うまでもなくとても好調です。

Q5 お客さんに自社の強みを教えてもらうには、どうやって聞いたら良いのでしょうか？

●──適切な質問をしないと本当のUSPは聞き出せない

お客さんに自社の強みを教えてもらうときに、注意しなければならないことが一つあります。それは、お客さんに適切な質問をしないと、本当のUSPは聞き出せない、ということです。

そこでカギを握るのは質問の技術、テクニックです。適切な答えを得るためには、適切な質問をしないといけません。

それには心理学で言うところの「例外の介入」というセラピーの手法を使います。

具体的には、

「たくさん○○○○屋さんがあるにもかかわらず、何が良くて当社にご依頼いただけたんですか？　なぜ当社だったのでしょうか？」

という聞き方をします。こういう聞き方をすれば、お客さんは、他社との比較を自然とすることになり、こちらが求めていた答え方をちゃんとしてくれるのです。

逆にダメなのは、

「何が良かったですか？」

これでは、そのほか多くのなかで、なぜうちなのか、という絞り込みができませんから、聞かれた方は答えに窮《きゅう》してしまいます。それで結局は、「何となく」とか、「感じが良かったから」とか、漠然とした回答しか寄せてくれないのです。

正しくは、「たくさんリフォーム屋さんがあるにもかかわらず、何が良くて当社にご依頼いただけたんですか？　なぜ当社だったのでしょうか？」と聞かなければならないのです。くれぐれも、その点を間違えないようにして下さい。

またその際、自社の良い点を、より絞り込んで聞き出したいのであれば、一つ仕掛けを施《ほどこ》すと良いのです。

たとえば、アンケート用紙を使って「お客さまの声」を集める場合であれば、記入スペースの余白の一部を利用して、

「（例）営業さんが○○だったので、良かったです」とか、「（例）商品は、最初は××と思っていましたが、使ってみると○○で良かったです」など、「良い声」の穴埋め式サンプルを書いておくのです。

そうすることで、前者は営業マンについての「良い点」を、後者なら商品についての「良い点」を教えてもらえるようになるからです。

お客さんは、「お客さまの声」を書くのに慣れていません。「ええー、何書けばいいの？」と思います。そこにサンプルがあれば、「ああ、こういうのを書けばいいのか」と放っておいても「良い声」を書いてくれるのです。

人はこういうときサンプルに誘導されやすいのです。これは私がセミナーで実験して得た紛れもない真実です。ですから、「良い声」のサンプルを上手に利用することも、お勧めします。

●──USPと呼ぶに値するかどうかを見極める

注意点としてつけ加えたいことがあります。電話などで相対で話していて、「一般的には」とお客さんが言い始めたら、即座に、

「いえ一般論ではなくて、お客様に限ってのご意見をうかがいたいのです」

と引き戻さないといけません。

たとえば、私の例であれば、「一般的にはコンサルタントはスキルが大事だと思いますよ」と言われても、「ありがとうございます。もっと参考にしたいので教えて下さい。あなたに

限って言えば、あなたは、他にもコンサルタントがいるにも関わらず、何が良くて私を選んでくれたのですか？」と間髪いれずに聞き直すのです。すると、

「まぁ……、私に限って言いますと、実は……声の感じが良かったのもあります」

などという、思いもよらぬ答えが返ってきたりします。

自分の声がいいなんて、そんなことは自分一人では絶対に考えもしないことです。

この手の意外な情報を得たときは、見極めが大切になるのです。それが、①その人だけが感じた希《まれ》なケースなのか②他の人も大なり小なり感じてくれている、USPと呼ぶに値するものなのか、その見極めが大事になるのです。

たまたま私の声に関して言えば、セミナーにご参加くださった方でボイストレーニングの会社の社長さんがいて、以前、こんな会話を交わしたことがあったのです。

「佐藤先生、ボイストレーニングを受けたことがあるんですか？」

「とんでもない、ありませんよ……（笑）」

「やあ、よく通る、わかりやすい発声をしているので、てっきりボイストレーニングの経験があるのかと思いました」

そのとき、「へえ、俺って声がいいのかなぁ」と驚くと同時に、思ってもいなかった点を褒められて、とても嬉しく思ったものです。それがすごく頭の隅に残っていたのです。

その後も2、3人のクライアントさんから「声が好きです」、「声を聞いていると落ち着く、安心する」と言われることがあったのです。褒められると嬉しくて、大好きになっちゃうのは誰でも同じです。そこで一時期、会社のホームページに音声の挨拶を入れたりもしました。

私のホームページで、事前に肉声を聞いてもらうことで少しでも良い感じだと思って頂けるのであれば、安心して教材やコンサルティングを買ってもらえるかもしれないと考えたからです。

こうしたほんのちょっとしたヒントでも、一件だけなら「そうか?」ですが、4、5件あれば、「間違いない」と考えていいでしょう。

「おや?」と思うような意外な声が届いたときの見極めの判断にして下さい。

【ポイント】

⑫本当のUSPを聞き出すには「例外の介入」を使う。

⑬「良い声」のサンプルで自社のUSPを引き出す。

⑭意外な声はUSPに値するかの見極めが大事になる。

Q6 お客さんに対して「これだけはやってはいけない」という質問の仕方がありますか？

●自社の悪いところを聞いてはいけない

お客さんに自社の良い点を教えてもらう時の大切な注意点があります。聞き方を間違えると、本当のＵＳＰがわからないだけでなく、誤った回答を自社の強みと勘違いしてしまい、的外れな販促活動をしてしまう恐れがあるのです。

絶対に避けなければならないのは、

「当社のどこを直せばよろしいでしょうか？」

「当社の改善すべき点をお教え下さい」

という質問パターンです。

いかにも腰の低い、善人ぶった聞き方ですが、はっきり言って、これは最悪です。百害あって一利なし。絶対にやめた方がいい。

理由は簡単です。

サービスが悪い、モノが良くない、保証が少ない、営業マンの態度が悪い、電話に出るのが遅い……等々、ケチョンケチョンにけなされて、思い切りへこむだけだからです。

もちろん、確かに改善すべき点を知ることは大切なことです。でも、短期的なマーケティング活動に役立つ情報ではないのです。

人も会社もそうですが、良いところと悪いところを比べたら、圧倒的に悪いところの方が多い。欠点だらけです。だから、それを教えてくれと言ったら、山ほど書いてくるのは当たり前なのです。

繰り返しますが、確かに改善すべき点を知るのはとても大事なことです。

しかし、これも直さなきゃ、あれも直さなきゃと、もぐら叩きのように欠点を矯正していったら、いったいどうなると思いますか？　それで本当に魅力のある人間や素晴らしい会社になるんでしょうか？

私はそうは思いません。おそらく出来上がるのは日本一の普通クンであったり、何の面白みもない凡庸《ぼんよう》な会社です。

天下無敵の普通クンやありふれた会社は、ある意味大事だし必要です。でも、苛烈《かれつ》なビジネス社会でサバイバルするには、明らかに不利と言わざるを得ないのです。

なぜか？

代わりはほかにいくらでもいるからです。

万人に好かれるなんて望まなくていいんです。人も会社も大きく成長しようと思ったら、ある程度の欠点には目をつぶって、得手とするところを伸ばしていった方が絶対にいい。その方が間違いなく成功します。

そう言えば、故本田宗一郎氏に『得手に帆あげて』という名著があります。氏の言わんとするところは、要するに、「不得手なことはやらない。得手のことしかしない。そうやって得手に帆をあげて生きるのが、最上の人生である」ということです。

悪い点を直さなければいけないのは、店頭公開する時期です。ISOを取ったりするので、嫌でも悪い点は直さざるを得ない。

それまでは良い面だけをどんどん伸ばして成長していけばいいのです。

●「何がいけないんだろう?」なんて自問するな

「何が悪いんですか、何がいけないんですか?」という問いの仕方は、日本の教育体系のなかで刷り込まれてしまった悪しき習慣かもしれません。

「100点取れなかったのは何がいけなかったのか?」

そんなことばかり考えてきたので、「何が悪いんだろう?」と自問するのがクセになってしまっているのです。偏差値を上げて受験で勝つにはそれでいいのかもしれません。

しかし、短期的にビジネスで成功しようと思うのでしたら、そうした設問の仕方はやめるべきです。

「お客さんが集まらないのはどうしてなんだろう?」などと自問するのではなく、

「なぜあの人たちはうちを選んでくれたんだろう?」

「よそに比べてうちのどこが良かったんだろう?」

と自社の良い点を掘り起こすことを考えないといけないのです。

つまり、自問すべきは、欠点ではなく長所であり、受験のテクニックとビジネスのそれは正反対なのです。

たとえば1000件の資料請求があって成約にまで至ったのは4件だったとします。

「何が悪いんだろう」と自問する人は、成約に至らなかった996件の声ばかりを気にしてしまいます。

挙げ句にその人たちに、

「当社のどこがいけないんでしょうか?」

と聞いてケチョンケチョンに言われてへこみまくる。全身ブルーです。

ところが、ビジネスで成功する人は996件のことをとりあえず無視します。そして成約してくれた4件の人に「なぜうちだったんですか？」と理由を聞きます。

そうやって、小さな成功の芽がどこにあるのかを知るのです。そしてその小さな芽を、どうやって大きな花に育てるのかに集中してほしいのです。

【ポイント】
⑮自社の良いところだけを聞け。欠点を聞いてはいけない。
⑯「何がいけないんだろう？」と考えること自体が間違っている。

2章

できの悪いチラシや広告はこの点を直すだけでジャンジャン電話がかかってくる

さて、第1章では、

「うちの商品・サービスが一番です！」と叫んでいるライバル会社の中で、あなたは、お客さんに何を伝えれば良いのか？

そうしたことについて解説してきました。

それは、ケーキ作りに例えるとわかりやすいかもしれません。

第1章では、「あなたが売っているケーキは、一言で言うとどんなケーキなの？」という質問に答えるためのコンセプトについてお話してきたわけです。

ハート型のスポンジケーキ、クッキーケーキ、ロールケーキ……つまり、マーケティングの中心コンセプトを決めるのがテーマだったわけです。

さて、第2章では、そのデコレーション方法を勉強していきます。

食べると本当においしいケーキでも、デコレーションが最悪だと、やっぱり食べる気にはなりにくいですよね。

やはり見た目をおいしそうに見せるデコレーションのテクニックも大切なのです。

スポンジケーキの形そのものでデコレーションをすることもあるでしょう。

もしくは、ホイップクリームで美しくデコレーションする小手先のテクニックもあるでしょう。

これは、マーケティングも一緒なのです。魅力的に見えるマーケティング・デコレーションには、本当に様々な方法があるのです。

ただ、注意してほしいことがあります。確かに、デコレーションだけで魅力的に見えることはありますが、食べてみたらまずかったなどということがないように、第1章と共に利用されるのをお勧めします。

OK？　オーブンは温まっていますか？　卵と牛乳を混ぜる準備は出来ましたか？（笑）

ではスタートしましょう。

Q7 何度も繰り返し広告を出しているのに、なぜ効果がないのでしょうか？

●――広告・マーケティングの常識のウソ

私はコンサルタントになる前は、脱サラしてゼロから会社を起こし、事業経営をしていました。その経験からわかったことの一つに、「広告・マーケティングの常識のウソ」があります。世の中で信じられている広告・マーケティングの常識というのは驚くほどアテにならないのです。

その最たるものが、「広告は何回も出さないと効果がない」というものです。

広告代理店は必ずこう言います。

「広告というのは一回出しただけではダメなんです。それではお客さんの心は動きません。何度も繰り返し出すことで、信用が増し、安心して問合せをしてくれるようになるんです。だから諦めずに地道に行きましょう」。

確かに、雑誌やテレビCMで繰り返し見る新商品を、たまたまショッピングの時に見かけて購入した経験は、誰もが持っていることでしょう。地道に何度も広告を打つことでお客さんから問合せが入り、成約につながることもあります。

でも私は、中小企業や起業家が、同じようにやろうとするのはお勧めしません。うまく行かない確率のほうが高いからです。認知度アップ型のプロモーションは、効果が出始めるまでに時間とコストがかかります。それで効果が出ればまだいいですが、仮に効果が出なかったときには目も当てられません。

特に、お客さんからのレスポンス（問合せ・資料請求・注文）を期待する広告に限って言えば、1回出してダメな広告は、3回、4回と出しても、基本的に効果が上がることはまずないのです。

このことは広告を出すたびに効果測定をすれば、簡単に証明できます。

なのに、多くの経営者の方は、常識を信じ、代理店の言うがままに、何度も広告を打ち続けます。そして、こう嘆くのです。

「何度も繰り返し広告を出しているのになぜ効果がないんだろう……？」と。

ダメな広告は何度打ってもダメなのです。

こうした広告・マーケティングの常識のウソは、ほかにもいろいろあります。たとえば、

①「広告にはイラスト・写真を多用しなければならない」のウソ（※Q8参照）
②「商品・サービスの品質が良ければ売れる」のウソ（※Q9参照）
③「知名度が低いから売れない」のウソ（※Q10参照）

などはその代表格です。盲信すると手痛いしっぺ返しを食らいます。注意して下さい。

●広告のｍａｘの数字は決まっている

経営者の方から、「なかなか広告で注文が取れないんです。広告の効果がないんです」と相談を受けたとき、まず最初に私が確認するのは、正確な物理的数字です。

たとえば、広告のｍａｘの数字は決まっています。新聞に折り込みチラシを入れる場合なら、一般的な目安は５０００分の１程度です。めちゃくちゃ反応が良いと１０００分の１などというケースもありますが、そんなのは極めて希。普通は５０００枚配って１件問合せがあれば御の字で、点数的にはこれで70点と思わないといけません。

新聞折り込みチラシ１００枚で一件電話がかかってくるなんてことはあり得ません。チラシに１００分の１の効果を求めるのは、常軌《じょうき》を逸《いっ》した過度の期待であり、ヤンキースのゴジラ松井に「全打席ホームラン打って！」と願うようなものです。

ところが、世の中には、こういう過度の期待を持っている人が少なくないのです。実際には5000分の1程度の反応があるにもかかわらず、「チラシ配ってるんですけど、ぜんぜん反応がなくて……」と嘆いている方をよく見かけます。

そのクライアントさんは、「チラシの反響をアップするアドバイスを下さい」と相談してきます。しかし、私がクライアントさんのためにしなければならないアドバイスは、チラシの反響をアップするアドバイスではありません。そうではなくて、5000分の1という数字でも、利益が出る仕掛けのアドバイスなのです。

●──これで問題の8割は解決する

では8000分の1とか1万分の1とか、明らかに広告の効果が平均点以下の場合はどうすれば良いのでしょうか。

この場合は広告・マーケティングのやり方に何かしら問題があると考えられます。どこに原因や病巣があるのか、問題の所在を突き止め、適切な処方を施す必要があります。

その際、特に重要なカギを握るのは、次の6つのポイントです。

①商品の魅力を十分にアピールしているか（※Q9参照）

②媒体選びは適切か（※Q11参照）
③タイミングに問題はないか（※Q12参照）
④レスポンスデバイス（問合せ方法）が良くないのではないか（※Q13参照）
⑤コピーのできが悪いのではないか（※Q19参照）
⑥価格設定に誤りはないか（※Q35参照）

これらをチェックし、適切に対処すれば、おそらく問題は8割方解決するはずです。これは机上の空論ではありません。7000社以上のクライアント企業の分析を通じて得られた紛れもない真実です。

【ポイント】
⑰広告・マーケティングの常識にはウソがある。
⑱ダメな広告は何度打ってもダメである。
⑲広告に過度の期待をしてはいけない。
⑳適切な処方箋を書くには6つのポイントがある。

■事例5／「チラシのサイズを半分にした」

――同じ予算で広告回数を増やした飲食店

ある飲食チェーン店の経営者から夏のキャンペーン用チラシの相談を受けました。

「4色のチラシを2万部配りました。来店は8000枚に1件。完全に赤字です」

「チラシのサイズは？」

「B3（半分に折ってB4）です」

「大きいですね。印刷費用も大変じゃないですか。それで何のキャンペーンなんですか？」

「《夏の鍋祭り》です」

「でしたら、お金のかけすぎです。2色刷りでB5にすれば、同じ予算で何度も広告が打てます。同じ8000分の1でも回数が打てるので来店者は必ず増えますよ」

「ああ、そうか。そうですね」

この経営者は、私のアドバイスに従い、チラシをB5に変えました。その際、「○○食べ放題！」と訴求《そきゅう》するポイントを絞り込んで、ほんとうに伝えたいことだけに内容を圧縮しました。

これがかえって広告効果を高める結果になり、来店が6000分の1に改善したのでした。

Q8 写真やイラストをふんだんに使ったわかりやすい広告なのに、なぜ反応が悪いのでしょうか？

●――大事なのはどう伝えるかより何を伝えるかだ

「広告はイメージとわかりやすさです。写真やイラストをたくさん使ってアピールしましょう」

広告代理店のよく言うセリフです。それを信じて、写真やイラストをたくさん使うのですが、どうも反応がいま一つで集客に結びつかない。経営者の方は悩んでしまいます。

「おかしい、なぜだろう？」

しかし、代理店が写真やイラストを多用したがるのは、その分、写真撮影コストや、イラスト作成コストも余計に売上になるからです。写真やイラストを多用したからといって必ずしも広告効果が上がるわけではないのです。

もちろん写真やイラストは、あるに越したことはありません。文字では十分に伝えきれない色や形などを視覚的に簡単に説明することができるからです。

ビデオやＤＶＤが、文字や画像では表現し切れない音やスピードなどをストレートに伝えてくれるように、メディアは高度化するほど伝えられる情報量が格段に増えます。写真やイラストは、間違いなくテキスト（文字）以上の情報量を伝達することが可能です。

ただし、それを有効なものとするには明確な目的が不可欠です。「何となくイメージアップになりそうだから――」。そんな理由で使っても効果は知れているのです。

問題は、どう伝えるかではなく、何を伝えるかです。言うべきこと、伝えるべきポイントがズレていたら、いくら写真やイラストの技巧を尽くしたところで、ちっともお客さんの心には届きません。

その意味では、写真やイラストは、適切な目的や用途がないと意味さえないのです。

●女性を口説くように消費者に訴える

広告・マーケティングの基本は、女性の口説き方といっしょなのかもしれません。

普通はその人の好みなどをあらかじめさりげなくリサーチして、その上で喜んでくれそうなアプローチの仕方を考えるでしょう。「彼女はラブコメディが好きらしい」とわかれば、そういう映画に誘うとか、「最近ベトナム料理にはまっているみたいだ」と聞けば、評判のお店を予約してみるとか、相手が望むこと、やってほしいことを考えるはずです。

大事なのは、相手の気持ちを思いやることと、それに応えるアピール内容です。それぞれが噛み合っていることが大切なのです。

「男は見た目より優しさや誠実であることが何より大事」と考える女性に、「時計はロレックスです。靴はフェラガモです。車はベンツです。髪はいつも原宿のカリスマ美容師にやってもらってます」とアピールしたところで相手にされっこないわけです。

それで、「フラれちゃいました」って言われても、「そりゃ、あんたダメだよ、どう考えても！　相手が違うもん」って話でしょう。

そこにあるのは壮大な勘違いであり、それで彼女の心が動くと思っているのですから、これはもう救いようがありません。相手が何を望んでいるのかよく考え、それにうまく応える必要があるのです。

広告・マーケティングもまったく同じです。

「お客さんが望んでいること、してほしいことをちゃんと理解して、それにいかに応えるか」、これが根本なのです。

たとえば、消費者の間に既成の商品では解消できない不満があるとします。

それを自社の商品を使えば簡単に解消できるのであれば、アピールすべきは、まさにその点になるわけです。

「お客さまのご不満は○○ができないことではありませんか。それってものすごく不便ですよね。でも、ご安心下さい。これさえ使えば、○○が簡単にできるようになるんです――」。もし、そうしたメッセージを効果的にお客さんに伝えるためのツールとして、言葉よりも良い写真があるのなら、写真は使うべきです。

不満を解消する簡単な方法があることを、言葉よりも効果的に伝えてくれるイラストがあるのなら、イラストを使えば良いのです。

写真やイラストが先に来るのは、順番が逆なのです。

「そんなの当たり前じゃないか」と思った方がたくさんいると思います。

でも、そんな当たり前のことが、実はできていない会社が多いのです。しかも、何をアピールすべきかをしっかり考えていない会社ほど、できていない。

いきおい、アピールすべきことは何なのか、その肝心要のところが曖昧《あいまい》なまま、「写真はどれを使おう、イラストはどうしよう、レイアウトは、コピーは、媒体は?」と、どう伝えるかの技巧にばかり走ってしまう。あまり効果の出ない広告というのは、そうした傾向で製作されていることがほとんどなのです。

他のものが買えなくなるのでは？	私は、それに値しないのでは？	私が同一視しているグループと違ってしまうのでは？	私の家族と友達は、認めてくれないのでは？	他のものも併せて買わなければならないのでは？	環境に対して悪影響を与えるのでは？

表① 『14の要求＆10のリスク』マトリックス

横軸がリスク→ 縦軸が欲求↓	それは期待通りの働きをしてくれないのでは？	長持ちしないのでは？	それは競合製品以下なのでは？	それは使って安全でないのでは？
怒りを解消したい				
不満を解消したい				
不安・心配を解消したい				
悲しみから逃れたい				
恐怖から逃れたい				
恥ずかしさを感じたくない				
ねたみを解消したい				
孤独から逃れたい				
ロマンを感じたい				
愛情を手にしたい				
安心したい				
満足したい				
喜びたい				
興奮したい				

●お客さんへの訴求ポイントはこうして考える

第1章では、自社のアピールポイントとして、独自性（ＵＳＰ）のことを説明してきました。

ここでは、ＵＳＰ以外のアピールポイントを知るための良い方法について、お話しましょう。

実は、一つ有力なツールがあります。表①がそれです。

これは縦軸に「消費者の欲求」、横軸に「消費者の購買リスク」を置いて、縦横それぞれの組み合わせで、お客さんへの的確な訴求ポイントを探るものです。わかりやすくする様に、少しだけ簡略化しています。

まず縦軸を見て下さい。

怒りを解消したい、不満をなくしたい、心配ごとを消したい、悲しみを忘れたい、ロマンを求めたい、安心感を得たい……。お客さんはこのどれかを必ず求めています。

例えば、あなたの商品やサービスをお客さんがほしいと思う背景には、「〇〇を買えば、今の××という不満が解消できるかもしれない」という心理があります。

そうした購買心理の背景には、大きく分けて、こうした種類があるというのが、この表の意味です。

さて、この表に自社の商品を当てはめ、該当しそうなものに○印をつけます。石鹸のような日用品は○が限られます。通常、石鹸にロマンや興奮を求める人は滅多にいませんよね。

逆に高額商品の場合は、これらの欲求に全部○がつきます。豪華客船による世界一周クルーズとか何千万円もする住宅などは、誰もがすべての欲求を満たしてほしいと考えます。

ただし高額商品になればなるほど、お客さんはリスクも感じるのです。横軸を見て下さい。**長持ちするのか、安全性は大丈夫か、品質は良いのか、値段に見合うのか……。そうしたリスクが解消されない限り、財布の紐《ひも》を緩《ゆる》めたくないのです。**

たとえば、こんなケースを想定してみましょう。

あなたの会社の商品に対してお客さんはロマンを求めています。しかし一方で値段的に高いのではないかと不安も感じています。この場合、あなたの会社がアピールすべきは、「最初は迷っていたんです。でも、もう興奮しました。それこそお釣りがくるほどのロマンがそこにあったからです」というユーザーの感想を掲載することなのです。

米国の著名なコンサルタントであるジェイ・エイブラハムは、こう言っています。

「顧客のすべてのリスクを取り除くことが、レスポンス（問合せ件数、反応件数、注文件数など）を上げるコツである」と。つまり、それこそがお客さんへの訴求ポイントになるのです。

そして、それを的確かつ効果的に伝えるために、言葉で伝えるよりも、やはり写真のほうが効果的だとなれば、お客さんのロマンを刺激するような写真を探すことになる。これが広告設計の正しいやり方です。何を伝えるかがはっきりして初めて写真やイラストは意味のある使い方ができるのです。

［ポイント］

㉑言葉より写真の方がより多く伝えられる。しかし、写真で何を伝えるかを間違えると効果はマイナスになる。

㉒広告・マーケティングの基本は、女性の口説き方といっしょである。

㉓お客さんへの的確な訴求ポイントを探る。

Q9 商品には自信があるのになかなかお客さんがつきません。なぜ売れないのでしょうか？

●本当においしい煎餅《せんべい》はケーキ屋さんに褒めてもらう

「うちの商品は良い商品なのに、なぜか売れない。どうして買ってくれないんだろう？」よく聞く話です。大事なことなので最初に言っておきますが、良い商品であるという事実と、短期的な売上は比例しません。短期的には、良い商品であるという事実を「伝える力」と売上が比例するのです。

つまり、どれほど良い商品であっても、それを伝える力がなければ、売上には結びつかないわけです。

この場合、「うちの商品は良い」という判断には2通りあります。1つは、「うちの商品はどこにも負けない素晴らしい商品だ」という判断です。2つ目は、「うちの商品は悪くない、他社と比べて遜色《そんしょく》ない」という判断です。

まず、1つ目の絶対の自信があるのに売れ行きがいま一つの場合は、アピール不足が原因になっているケースがほとんどです。具体的には自信の根拠となるものがきちんと伝えられていないことが多いようです。たとえば、

●権威が認めていることを伝えていない
●著名な研究機関と共同開発したことを伝えていない
●日本で一番売れている商品だということを伝えていない
●素晴らしい商品を証拠づける数字や事例があるのに出していない

といったケースです。これらは、その商品独自のUSPにほかなりません。

お煎餅を例にあげてみましょう。もし、本当においしいお煎餅であれば、前記のような、必ず何かその裏づけになるものがあるはずです。それを上手にアピールできていないのです。

こう言うと、すぐに、「そんなこと言っても、ほんとに何もないから困っているんですよ。権威に認められているわけでもないし……」と愚痴をこぼす方がいます。これはいただけません。

愚痴をこぼす暇があったら、認めてくれる権威を探せばいいじゃないですか。何も大学の先生とか、どこかの研究所のお偉いさんだとか、そんな立派な肩書きのある人でなくていいんです。

たとえば、お煎餅なら地域で評判のケーキ屋さんに褒めてもらうのです。「うちの3時のおやつはいつも○○堂さんの薄焼き煎餅です」。これでいいのです。

レストランのオーナーシェフとかホテルのレストランのチーフとかでもいいでしょう。ライバル会社にならないから安心して褒めてくれます。しかも彼らは、誰もが「舌はこえている」と判断する人たちです。

もし、本当にお煎餅のおいしさに自信があるのなら、そうしたチャレンジにも「よし来た！　異業種のプロを唸らせてみせてやろうじゃないか！」となるはずです。事実、本当においしいのであれば、そういう人たちも「あそこのお煎餅はうまい」「おいしい」と言ってくれるはずです。

本当においしいお煎餅なら、必ず褒めてくれるはずです。

「全体を絶賛していただかなくてもいいのです。これには驚いた。米は普通でもタレが絶妙なんだ！　とか、部分的なポイントでも結構です。いかがでしょうか？」

そうやってでも「隣のプロフェッショナルからの推薦の声」をもらってみてほしいのです。

これは効きます。間違いなく効果を発揮します。

それでも、もし、どれだけチャレンジしても評価が良くないのであれば、他社を圧倒するほどおいしくないのです。現実を認めて下さい。

もちろん、ケーキ屋さんと口裏を合わせて嘘の推薦をしても売れてしまいます。ですが、それは消費者を裏切ることになります。おいしくもないのに期待をさせ、食べたらまずかった。もう必ず悪評は広がります。

商品のクオリティ以外の部分でアピールする

次には、他社と比べて遜色ないのに売れ行きがいま一つの場合を考えてみましょう。このケースでは、別の角度からアピールポイントを探せば良いのです。もしかしたら、商品のクオリティ以外の部分にアピールポイントがあるのに、それが十分伝え切れていない可能性があるからです。

具体的には、

●保証が良い
●アフターサービスが良い
●デザインが良い

などといった事柄です。

たとえば、他社と比べて遜色のないお饅頭《まんじゅう》を売っているとします。売れ行きはいま一つですが、たまに、「パッケージのデザインが素敵ですね」と言われるとしましょう。

この場合は、パッケージ・デザインがUSPであり、セールスポイントであるのかもしれません。私なら、すぐにファッション・デザイナーの方などに推薦文を頼みます。

そう、たとえば、こんな具合に。

「最初は、〝おっ、いいパッケージ・デザインだな〟と思って買いました。でも食べて驚きました。うまいんです、これが。この味でこのデザイン。贈答品として利用するたびに、いつもセンスの良さでとても喜ばれます――」。

贈答品は味はもちろんですが、見栄えのよさも大事な要素です。みなさんが中元歳暮などで商品を選ぶときも、そうした点にけっこう気を使っているはずです。

商品本体のクオリティで他社との差別化が難しい場合は、このようにクオリティ以外の部分で売りになるものを探し、それをアピールすることを考えましょう。

［ポイント］
㉔本当に良い商品なら、その根拠をアピールする。
㉕ライバルにならない類似の専門家に推薦してもらう。
㉖他社と比べて遜色ない商品は、クオリティ以外の部分で売りを探す。

■事例6／「業界のプロのコメントを売りに使う」
――クロス屋さんに褒めさせた工務店

「うちはよその会社よりいい家を建てる自信があります。それをお客さんにわかってほしいんです。何か良い方法はないでしょうか」

「でしたら、おたくの仕事をやっている下請けの業者さんに褒めてもらったらどうですか？」

工務店の社長さんは、早速、壁紙を張るクロス屋さんにお願いして手書きのコメントをもらい、チラシに載せるようにしました。

「私はいろいろな工務店さんやハウスメーカーさんの仕事をやっています。ですから、クロスを張りながら、いろいろな会社の住宅を数多くこの目で見てきました。その私が、もし家を建てるとしたら、やっぱり○○工務店さんで建てます。いい家だからです。私の顔や名前を明らかにできないのが残念です。どうかご理解下さい」（××内装　代表）

たったこれだけのコメントを載せる。それでも、業界のプロのコメントが、その工務店の実力を証明する何よりの根拠になります。

もちろん、この工務店の住宅は、実際に見ると素晴らしい。素人が見ても驚きます。だからこそ、クロス職人さんもこうした声をくれるわけです。

良い住宅を作っていても、それを伝える技術がないと、なかなか売上は伸びません。でも、ちゃんと伝えることができさえすれば、しっかりとお客さんは集まってくれるのです。

Q10 うちの会社にお客さんが集まらないのは、知名度が低いからでしょうか？

●――ITベンチャーの有名社長も、最初は無名だった

「うちは知名度が低いから、広告を打ってもチラシを配ってもお客さんが集まらないんだ」

よくそう言ってこぼす人がいます。

しかし、これは明らかに間違いです。有名であるに越したことはありませんが、有名でないからといって儲からないわけではありません。無名でも儲けている会社はいくらでもあります。

あの巨人マイクロソフトだって最初は無名だし、マッキントッシュのアップル・コンピュータだって最初は駐車場が作業場のただのパソコン屋さんでした。アマゾン・ドット・コム

だってそう。今、日本でもてはやされているＩＴベンチャーの有名社長さんたちも、ほとんど無名だったのです。

最初は誰だって、どんな会社だって、無名なのです。

●──マスコミを使ってタダで知名度を上げる

知名度と売上には、無論、相関性があります。よく知られた会社の方が、何かとビジネスがしやすいのは誰が考えてもわかることです。

しかし知名度が低いからといって悲観することはありません。それをカバーする方法はいくらでもあるからです。

一番いいのは、マスコミを上手に使うことです。そうすれば、知名度はタダで簡単に上げられます。それにはマスコミが飛びつくような何か面白い仕掛けを考える必要があります。

マスコミに記事にしてもらえるポイントは、いくつかありますが、簡単なのは「初」と「慈善」です。それをプレスリリースで地元の新聞社やテレビ局に流す。ニュースになれば、莫大《ばくだい》な広告効果が期待できます。

「初」というのは、「日本初」「地域初」「業界初」を考えてみるということです。

でも、私がそういうと、「そうは言っても……」とネガティブな思考をします。

どんな「初」をやればいいのか？　できそうな「初」のアイデアをどうやって出すか？　それを考えたいのであれば、比較的大きな図書館へ行って、《業界新聞》を読むのをお勧めします。たとえば繊維業界の方であれば、食品業界でもかまいませんから、異業種の業界新聞を1年分読んでください。

全く違う業界のニュースを参考にするのです。異業種で取り上げられた「初」を、数多く発見することができるでしょう。それを眺めていくうちに、自分の業界でも使える「初」が見つかることが多いのです。

次には「慈善」というキーワードです。たとえば、地元のお子さんたちとの触れ合いを仕掛けるのも良いでしょう。美容室なら、地元の小学校の生徒さんを呼んで、髪の毛を切るのがどれくらい難しいのか体験学習をしてもらう。マスコミは、こういうネタも大好きなのです。

あるいは美容室であれば、「日頃の地域のみなさまへの感謝の気持ちを込めて」と題し、「ケアセンターに出張し、お年寄りに無料でカットとヘアメイクのサービスをし、美しくなったお年寄りの方々の写真を撮影してプレゼントする」といった慈善系のイベントを仕掛けるという手もあります。

プレスリリースを流せば、これもマスコミが飛びつくでしょう。

ただ、注意が必要なのは言うまでもありません。

あなたの心の中に、もし心からの感謝と奉仕の気持ちがないのなら、「マスコミを使った、ただの宣伝、売名行為」とすぐに地元の人たちに見破られる恐れがあります。本当に心の底からやりたいと思う「慈善」があるのなら、問題は一切ありません。

この手の慈善系の仕掛けは、広告・マーケティングの手法としては「劇薬」であり、使い方を間違うと命取りになりかねないのです。「劇薬」だからこそ、やる場合は十分な覚悟と注意が必要なのです。

●知名度の低さを「お客さまの声」でカバーする

マスコミを使って知名度の低さをカバーする方法について、お話してきました。知名度の低さをカバーする方法として、もう1つ効果が期待できる方法があります。それは、「お客さまの声」を利用することです。

知名度の一番のモノサシは実績だったりします。たとえばマンションデベロッパーであれば、街を歩いて、「あれもそう、これもそう」と指がさせるほど分譲実績があることが、知名度の最大の尺度になります。

マンション購入者は、そうやって過去の実績を確認することで、「これだけ実績があるなら安心だ」と考えるわけです。

「使って本当に良かった」「これほど効くとは思いませんでした」「ウソのように○○が消えました」――。数多くの「お客さまの声」は、そうした過去の実績を擬似的に演出するための仕掛けなのです。

［ポイント］
㉗マスコミを上手に使えば知名度はタダで上げられる。
㉘慈善系の仕掛けは劇薬であり、使い方を誤ると命取りになりかねない。
㉙知名度の低さは「お客さまの声」でカバーできる。

■事例7／「リビングの賞状を営業ツールにする」
――口コミを巧みに使う学習塾

ある学習塾は、知名度の低さを上手にカバーしています。その方法というのが、クチコミなのです。この会社では、子どもの成績が上がると、すぐに表彰状を発行し、リビングに飾ってもらうようにしています。

表彰状なのに、どうして子ども部屋ではなく、リビングなのでしょう？ それは、リビングに飾っておけば、よその奥さんが遊びに来たとき、何も言わなくても、「へえ、○○ちゃん、成績上がったんだ。なになに、△△学習塾かぁ。ふーん……」と見てくれるからです。

ただし、この会社では、「よそのお母さんの目につくように」などと営業丸出しでお願いするようなマヌケなことはしていません。

「○○君はとても頑張っています。それがお父さんにもわかるように、是非この賞状はリビングに飾ってあげて下さい。どんなに仕事で疲れて帰ってきても、○○ちゃんの成績が上がっているのを見れば、心が癒されるでしょう。それに、よし、オレも○○のために頑張ろうと、明日のエネルギーになると思うんです」

「子供部屋に飾ってあるよりも、リビングに貼ってあるのが良いのです。つい、食事が終わってリビングでテレビを見てしまうときでも、目立つところに表彰状があれば、〝あっ、そうだ！ 頑張ろう！〟と、勉強モードになってくれるお子さんもいるんですよ」

そう言って、リビングに飾ってもらうのです。

もちろん、もう1つの狙いは、言うまでもなく、遊びに来る近隣の奥さんです。

それを見た奥さんは、「その学習塾っていい？」なんて聞きません。

黙って表彰状に書いてある会社名と電話番号を覚えて帰ります。そして、こっそり自分の子供にも学習塾を勧め始めるのです。

Q11 広告の効果が上がらないのは、ひょっとして媒体選びが間違っているからでしょうか？

●媒体選びの2つの間違い

「広告を出してもどうも効果がない。お客さんの反応が悪い――」。そんなときは、媒体選びを間違えていないか、疑ってみる必要があります。

媒体選びの間違いには、大きく、

①コストの高い媒体を選んでしまっている

②効果の期待できない媒体を選んでしまっている

の2つのパターンがあります。

高コスト媒体の代表格は、新聞の折り込みチラシです。身近で手軽な媒体として多くの方

が利用していますが、実はこれ、とーってもコストの高い媒体なんです。

チラシの印刷コストは、色や枚数にもよりますが、通常1枚2~3円かかります。たとえば、B4サイズ4色の表裏印刷で年間300万枚印刷すると1枚1円ちょっとです。言うまでもなく、ロットが少なくなるほど単価は高くなります。1枚10円以上かけている経営者もいます。

1色や2色だと地味で広告予算をケチってると思う人がいるようですが、実は1色だろうが、2色だろうが、4色だろうが、反応はほとんど変わりません。むしろサイズの方が重要です。資料請求チラシの場合、一般には「B5厚めチラシ」と「A4変形チラシ」の反応が良いとされています。

もちろん4色にした方が良いものもあります。

世界一周旅行とかワンセット150万円以上するゴルフクラブとか、豪華なイメージが必要なものに白黒はまずい。大事に扱われている感じがしません。しかし、高級イメージが必要でないものは1色や2色で十分だし、効果もさほど変わりません。

実際に新聞に折り込むには、印刷費用のほかに別途折り込み料が一枚当たり全国平均2・5円かかります。安い地域だと2・2円ですみますが、高い地域だと3・7円もします。これはディスカウントがきかないので、3・7円かかる人はその地域に生まれたことを恨むしかありません。

ともあれ印刷で2~3円、折り込み料で平均2・5円ということは、チラシを一枚新聞に折り込むには最低でも4~5円のコストがかかる計算になります。

ところが、前にも述べたように広告のmaxは決まっていて、通常、問い合わせの電話は5000枚に1件程度が平均なのです。ということは、4~5円×5000枚=2万円~2万5000円かけて1件の電話が鳴れば御の字ということになります。

しかし、チラシのできが悪いと、1~2万枚に1件しか電話が鳴らないケースも珍しくありません。こうなると1件当たりのコストは、4万円~10万円へと一気に跳ね上がってしまいます。

これで20万円、30万円の商品が売れるならいいですが、買ってもらうのが1000円、2000円の商品では、まるで採算が合わないわけです。この場合は、赤字を埋め合わす何らかの仕掛けがない限り、チラシを配る意味はほとんどありません(※「事例8」参照)。

ですから、広告を出すときは、媒体ごとのコストの特性をよく調べ、自社の商品をアピールするのに最適な媒体を選ぶ必要があります。

●媒体の特性を無視していないか

媒体選びのもう一つの間違いは、効果の期待できない媒体を選んでしまうケースです。これはたとえば、女性誌に男性向けの広告を出すとか、私のようなコンサルタントが日経新聞ではなく夕刊レジャー紙に広告を出すとか、要するに、「そりゃ、どう考えても出す媒体を間違えてますよ」、というケースです。

そもそも読者層などの媒体それ自体の特性を無視して広告を打ったところで、満足する効果が得られるはずがありません。それは言ってみれば、鯉しかいない釣堀で高価な海老をエサにして鯛を釣ろうとしているようなものです。

そこに狙った魚はほんとうにいるのか？

ライバル会社や同業者が、繰り返し何度も広告を出している媒体。それは狙い目です。なぜか？　儲からない広告にあなたはお金を払い続けますか？

何度も広告を出しているのは、十中八九、儲かっているからなのです。

広告の反応が良くないときは、媒体選びそのものに問題がないか、いま一度よくチェックしてみる必要があります。

［ポイント］
㉚媒体ごとのコストの特性をよく調べる。
㉛媒体の特質をよく考えないと効果は期待できない。
㉜ライバル会社や同業者が、繰り返し何度も広告を出している媒体。それは狙い目です。

■事例8／「広告はその場の損得だけで考えない」
――広告は赤字でもお客さん急増のお茶の通販

広告の効果は、最終的にいくら投じてどれだけの成果が出たかで判断します。チラシ2000枚で1件の電話があっても、1枚4円の費用がかかっていれば、8000円で1件の電話ということになります。

お茶の販売をやっている会社があります。1袋2000円はしますから、8000円で1件では、その人が来店し、4袋買ってくれないと帳尻が合いません。そんなことはまずありませんから、確実に赤字です。

しかし、このお店は、最初は一袋しか買ってくれず、6000円の赤字になっても、とにかくその人にお店に来てもらえれば、それでいいのです。というのも狙いは、名前と携帯電話のメールアドレスを登録してもらうことにあるからです。初回の取り引きで元を取るつもりはハナからないのです。

名前と携帯アドレスをゲットすれば、次のキャンペーンからは携帯に電子メールで広告を流せば、タダですみます。しかも相手は一度お茶を買ってくれたお客さんですから、未知の人にチラシを配るよりはるかに来店してくれる可能性が高い。実際に4、5%程度がコンスタントに来店してくれるとのことでした。

もともと、お茶というのは購入頻度が高いので、一度「このお茶おいしい!」と思えば、リピーターになってくれる期待も大きいのです。もちろん売るのはお茶だけではありません。お中元の時期にはお茶菓子なども携帯メールで来店を促して売っています。

そうやって、一度お客さんになってくれた人は、その後も携帯へメールで情報を流す。そうやって定期的なフォローをする。その方法で他店への流出を防ぎながらリピーターに育てていく。そうやって損して得を取るのも広告の大事な考え方なのです。

その場の損得だけで考えていたら、どうしても広告の効果は限定的になります。

広告は赤字でも、顧客情報をとって、そのリストを使い倒して成功しているビジネスの典型が通信販売業界です。テレビの放送枠を購入し、テレビショッピングでパソコンなどをあんな激安価格で売ったら、必ず赤字になります。

それでもやるのは、一度買ってくれた人をカタログ通販の見込み客にするためです。カタログ通販は一度買うとクセになる人が多い。それが本当の狙いなのです。

Q12 チラシをいつ配ればいいのかよくわかりません。タイミングはどう考えれば良いのでしょうか？

●広告はタイミングが命である

たとえば、土日のイベントにお客さんを呼びたいなら、新聞の折り込みチラシは金曜日に配るのが最も効果があります。地域によっては土曜日の朝刊に入れるのが効果的な場合もありますが、基本は金曜日です。

土曜日のイベントのチラシを、5日前の月曜日に配っても誰も来てくれません。当たり前です。そんな昔のチラシなんて誰も憶えていないからです。

このように広告はタイミングがとても大事です。命と言っても良いでしょう。

かつて私は住宅リフォームの会社を経営しており、チラシを年間約300万枚近く配っていました。そのときある現象に気づきました。特定の時期だけガクンとチラシの反応が落ちるのです。

それはいつかというと、お盆と年末年始とゴールデンウィークです。

この時期は親も子供も休みなので、家族でどこかへ遊びに行ったり、両親の実家へ里帰りしたりして、チラシを配ってもなかなか見てくれないのです。

こうした季節変動は、自分をチラシを配る側ではなく、山ほど入ってくるチラシを見る側に置けば、簡単にわかることなのですが、意外とその視点が抜け落ちてしまうんです。

●経営者になっても消費者の立場を忘れてはいけない

それが顕著に現れる販促企画が、年賀状です。

元旦の朝、輪ゴムでとめられた年賀状の束《たば》が届きます。それを普通は、誰かが代表して、「これはお父さん、これはボク、これはお母さん、うん？　これは……ああ、車屋さんか。えーと、これはまたお父さんで、これはボクで――」と、家族それぞれの分を仕分けしていくはずです。

業者から送られてくる年賀状は、その他の山に選り分けられ、最後に輪ゴムでパチンとくくられておしまいです。二度と日の目を見ることはないでしょう。

そもそも業者の年賀状で何かを買う人っているんでしょうか？

あなたは何か買った経験がありますか？

少なくとも私はありません。まわりに聞いてみても、みな一様に首を横に振ります。クライアントさんにも聞いてみましたが、やはり購買に結びついたという話は聞けませんでした。

にもかかわらず、ほとんどのクライアントさんが、しっかり年賀状を出しているのです。

自分はもらっても見ないくせに、自分の出したものはちゃんと見てくれると、ものすごく都合の良い解釈をしちゃってるわけです。

「そんなもん見ねえよ！」と思ってるものをなぜ送ってしまうんでしょうか？

経営者になった途端、消費者の立場を忘れてしまうからです。

●お客さんのほしくなるタイミングをいかにつかむか

もう一度言います。広告は、タイミングが命です。

その意味では、お客さんがほしくなるタイミングをいかにつかむかがとても重要になります。それさえわかれば、効果的な販促企画がタイミングよくポンポン打てるわけです。

一般に商品というのは「じっくり検討型」と「いますぐ必要型」の2つに大分類できます。

前者の代表は住宅などの高額商品、後者の代表は消火器や水のトラブルなど緊急性の高い商品です。

コピーマシンのリースはいつ終了するのか？　もしリース期間が終了するタイミングを事前に知ることができたなら、ライバル会社に先駆けて営業することができます。次の車検はいつか？　車検の当月に丁度《ちょうど》良いタイミングで魅力的な提案をすることができないか？　シロアリはいつ頃から心配になるのか……。

来年の7月に車検がくる人は、今年の6月に格安車検の広告を目にしてもほとんど気にもとめません。「ふーん」でおしまいです。シロアリ駆除も同じ。被害が出始めるのは春先からですから、冬にシロアリの心配をする人はいないわけです。

需要の発生する時期、そして需要が発生したときにお客さんがどう行動するか、それをしっかりつかんでいる会社は、広告のタイミングを外しません。

毛皮のコートを真夏に広告するチャレンジもOKですが、夏にはカキ氷を、冬にはカイロを売るほうが楽だと思うのです。

［ポイント］
㉝広告は季節変動の影響を受ける。
㉞消費者の立場で広告のタイミングを考える。

Q13 お客さんからの問合せ数を増やしたい。どうすれば良いのでしょうか？

●――レスポンスデバイスに問題はないか

「へえ、面白そうだな。いっぺん話だけでも聞いてみようか。えっと、問合せ先、問合せ先……ん？　おいおい、どこに問い合わせればいいんだよ⁉　わかんねーじゃん！」

せっかく興味が湧いたのに、どこに問い合わせればいいのかわからない――。

信じられない話ですが、世の中にはそんなレスポンスデバイス（問合せ方法）に問題のある、おかしな広告が存在します。それも大企業ほど多かったりします。

一般的にお客さんが広告を見て、アクションを起こすときの流れはこうです。
①「なんだ、この広告？」↓②「へえ、面白そうだ。話だけでも聞いてみようか」↓③「で、どこに問合せすればいいんだ？」↓④「今の時間でも電話して大丈夫なのかな……」
実際に、広告の文字は、この①～④の順番通りに大きくするのが大鉄則です。

たとえば、無料サンプルのプレゼントであれば、
①「なんだ、この広告？」と思わせるタイトルキャッチコピー
②「問合せてみようかな」と思う魅力あるアピール、プレゼント内容、ベネフィット説明
③「問合せ先は……」に即座に答える、目立つ電話番号や問合せ先
④「いまの時間でも大丈夫かな」に安心を与える営業時間・休日・担当者名
こうした順番に文字サイズを大きくしないとならないのです。

「えっ？　じゃぁ、会社名は大きくしなくていいの？」

そう思われる方もいるでしょうが、お客さんが、「この広告はどこの会社がやってるんだろう？」と確認するのは、通常、順番としては電話番号よりもあとなのです。

そもそもそこに書いてある電話番号にかければ、必ずその会社につながるわけですから、会社名なんて小さくてもかまわないのです。

それより大事なのは、問合せの受付時間です。これが書いてないと、「おいおい、いつかければいいんだよ？」と途端にお客さんは引いてしまい、問合せを躊躇します。

もし、そのまま翌朝まで躊躇させてしまったら、翌日には別の会社の広告に興味を持ってしまうかも知れません。

●24時間録音案内テープを活用する

そこで、レスポンスデバイスの強化でお勧めしたいのは「24時間の録音案内テープ」を活用することです。

たとえば、住宅リフォーム会社であれば、チラシにこううたいます。

「無料プレゼント！　『超簡単！　高額リフォーム工事で損をしない3つの自己防衛術』詳しくは24時間無料録音案内テープでご確認下さい。電話番号０１２０‐０００‐０００」

そして、このチラシで興味を持った人がフリーダイヤルにかけると、さらに詳しい内容が録音案内テープで聞ける、という段取りをつくるわけです。

もちろん、問合せた人に、「さらに詳しいガイドブックを差し上げています。信号音のあとにご住所・ご氏名……」と、住所、氏名、電話番号を録音してもらうことも忘れてはいけません。

この録音案内テープを活用すれば、問合せの件数は飛躍的に伸びます。

理由は2つあります。1つは、電話がかけやすくなるからです。相手が人間ではないので嫌なら即座に切ることができるのです。

つまり、無人の録音案内テープなら、お客さんの持つ様々な警戒心を解いてくれるわけです。冷やかし半分でも、興味を持っている人に電話をしてもらえるのです。

2つ目の理由は、お客さんがいつでも好きなときに電話をかけられるからです。もし、あなたが電話口で問合せに応えようと思えば、営業時間外には対応ができません。

あなたの会社が24時間営業なら別ですが、一般的には、お客さんはあなたの営業時間なんて気にしてくれません。朝の通勤前である早朝6時頃、夜自宅に帰宅した20時以降にも電話をかけたいと考えている消費者は多いのです。

実際に、私が住宅リフォーム会社を経営していた当時の広告の数字を見ると、実に37・6％のお客さんが、夜8時以降の営業時間外に電話をしてきて留守電に名前を残しているのです。つまり24時間対応しなかったら約4割のお客さんをみすみす取り逃がすことになっていたわけです。

その点、録音案内テープなら、その4割のお客さんにもしっかり対応できます。

簡単でお金もかからない。それでいて問合せ件数の増加が期待できる——。こんな便利なツール、使わない手はありません。

複数の問合せ方法を準備する

他にも、問合せ方法を工夫することで、お客さんからの電話が増えることがあります。代表的な方法が、フリーダイヤル。０１２０というフリーダイヤルを設置できるのに越したことはないのです。確かに０１２０にすることでコストはかかりますが、微々たるものです。商売に応じて無料通話は導入すべきと言えます。

同時に、問合せ方法を複数準備するのも大切です。

ファックス、電話、メール、携帯メール、すべての問合せを可能にすること。それも効果があります。

［ポイント］
㉟問合せ先は大きな字でわかりやすく表示されているか。
㊱録音案内テープで営業時間外にかけてくる人たちを拾い上げる。
㊲問合せを無料化する。または複数の問合せ方法を準備する。

Q14 低予算で効果的な広告を打つには、どうすれば良いのでしょうか？

●──いかにお金をかけずにお客さんを集めるか

多くの社長さんは広告を打つことにあまり熱心ではありません。むしろ消極的と言った方がいい。なぜか？　お金がかかる割りに効果が読めないからです。

たとえば、新聞にチラシを入れようと思えば、「1000枚や2000枚では効果が計測できません」と広告代理店から言われます。

3000枚で1件の問合せや申し込みが得られるチラシでも、1000枚しか配布しなければ、成功したのか失敗したのか、計測ができないのです。

そういう意味では、正確に効果を計測するためには3万枚から5万枚は、チラシを準備せざるを得ません。

でも、3万枚と言えば、少なく見積もっても15万円ぐらいはかかります。

ダイレクトメール（DM）にしても、「3000通は出さないと計測ができない」とされますから、最低60万円は覚悟しないといけません。

広告をするにはコストがかかるのです。私がコンサルタントになる前の記憶ですが、強く残っているできごとがあります。

エステティックサロンを開業したある人が、150万円以上の費用を投入して20代の働く女性を対象に約5000通のDMを送ったのです。ところが来店したのはわずか数名で、開店後数カ月で店舗閉鎖に追い込まれてしまいました。

店舗や設備のコストも合わせると3000万円以上を費やしての店舗閉鎖です。相当な痛手を負ったのではないかと心配でした。

チラシやダイレクトメールだけではありません。雑誌や新聞に広告を掲載するとなれば、少なくとも数十万円から数百万円はかかります。しかも、「それを繰り返し何度もやると、認知度がアップして徐々に浸透していくので……」と広告代理店は力説します。

しかし、前にも述べたように、ダメな広告は何度やってもダメなんです。そうして最後には、知名度も実績も資金的余裕もない状況で、価格を下げて安売りアピールに挑むのです。

確かに安ければ人は集まります。一時的なカンフル剤にはなるでしょう。でも、安くした金額を再び値上げしようとすれば、お客さんは一気に離れていくのです。しかもライバル会社も安売り合戦を仕掛けてきます。だから、一度でも安売りをしてしまうと、値下げはエスカレートしていくのです。

そうなればもう、体力勝負の値下げ合戦に飲み込まれ、最悪のシナリオを招くのは火を見るよりも明らかです。

そんな悪循環に陥る前にぜひ考えてほしいことがあります。

それは、なるべくお金をかけずに、どれだけ多くのお客さんを集められるか、ということです。

お客さんを集めるには、「そもそも品質の向上が先だ」とか、「優秀な営業マンを増やさないと話にならない」とか、「接客サービスの向上が不可欠だ」とか、いわゆる「そもそも論」を語る人がよくいます。

確かにそうかもしれません。素晴らしい品質にするために投資をすれば、その品質の高さは、徐々に世の中に認められるのかも知れません。

営業マンを育成するための投資を惜しまなければ、素晴らしい成果を収めてくれるかも知れません。しかしながら、これらの投資に必要な原資はどうするのでしょうか?

投資が必要なら借りてくる? ＯＫ。いいでしょう。でも、借りてきて失敗したら?

私は、品質向上のための努力や、営業マン育成のための投資に反対はしません。とても大切なことだからです。

しかし、それよりも先に、手っ取り早く、できるだけ小予算で、やってみてほしいことがあるのです。

それは、次にあげるような、マーケティングへの取り組みなのです。

●広告代理店のついていない媒体を探す

では、低予算で広告を打つには、具体的にはどんな方法があるのでしょうか。

一つには、基本的に広告代理店のついていない媒体を探すという方法があります。新聞、雑誌、テレビ、ラジオはみんなついているのでダメです。折り込みチラシも代理店がついています。

「いったい何があるの？　見当もつかない」、そういう人が多いかもしれません。でも、この種の媒体は、実は探せばいくらでもあるんです。

たとえば、道路の立て看板。看板系の広告代理店に頼むと、小さい看板でも月1万5000円、年間18万円ぐらいかかります。

でも、道路際の目立つ看板ばかりが、道路看板ではありません。スーパーの駐車場に看板を出させてもらうのであれば、スーパーに直接頼み込んでみるのも方法なのです。スーパーは自前で土地を所有していることは少なく、スーパー自体も地主さんから土地を借りている

こともあります。もしそうなら、地主さんに直接依頼するのです。その場合であれば、年間2、3万円ですむことも多いのです。

上物の鉄骨は鉄骨会社に頼めば5万円ほど、設置工事をお願いしても7万円程度です。あとは看板屋さんに個別に看板を発注するだけです。

その後は、地主さんに払う年間2、3万円の費用だけですから、基本的にメンテナンスフリーです。台風などで看板が壊れたりしたときだけ、新しいものに作り直せばいいのです。

●ほかにもこんなにタダ&格安の方法はある

代理店のついていない媒体はほかにもいろいろあります。

ポスティングチラシがそうですし、工務店であれば、A型バリケードの「ぶら下がり」が使えます。自分のところで家を建ててくれたお客さんにサービスで引っ越し案内を印刷してあげるのも手です。表書きの下に自社の広告を入れれば、お客さんの友人知人関係に引っ越し案内を通じて営業ができるわけです。

あるいは、メーカーなどが行なう「インパッケージ広告」もタダです。たとえば、高級なお酒は箱に入っています。その箱のなかに、別の商品のカタログと申し込み用紙のチラシを入れたりするケースがそうです。

それから、「相乗り」という方法もあります。

これはたとえば、喫茶店のオーナーが花屋の社長さんに対して、「うちの店のコーヒー割引チケットを店頭に置いてくれませんか。その代わり、うちのレジカウンターに花屋さんの販促チラシを置かせてもらいます」と提案するようなケースを言います。

インターネットにも、こんな事例があります。

「あなたのメールマガジンで私のメルマガの宣伝をして下さい。読者数は、あなたのメルマガが1万人。私のメルマガは5000人です。私はあなたのメルマガを切り口を変えて2回宣伝します。あなたは一回お願いします」——。

そうやってわらしべ長者のようにメルマガの読者を10万人に増やした会社もあるのです。

「わらしべ長者」なんて架空の物語さ、なんて笑っている場合ではないようです。

●——インターネットで広告を打つときは、最低でも2つの点に注意する

インターネットも非常に低コストの販促ツールです。でも、ホームページを製作しただけでは、何も起こりません。ホームページへの来訪者を増やすためには、あなたのホームページの存在を広くアピールしなければならないのです。それがインターネット・マーケティングです。

そして、インターネットで広告を打つ場合は、2つの点に注意が必要です。1つは「商圏」、2つ目は「即時性」です。

インターネットは全国ですから、自社の商圏を考えないといけません。お客さんにすることができないほど遠方の方から問合せがきてしまっても、意味がないということです。

たとえば千葉の工務店であれば、商圏は千葉であり、千葉の人に広告を見てもらわないと意味がありません。そこでネットで広告を打つなら、「千葉」と「2×4《ツーバイフォー》」、「千葉」と「工務店」など特定の検索をした場合の結果画面にのみ広告を出すようにするのです。

また「即時性」への対応について言えば、インターネットは辞書や電話帳と同じなのです。目的もないのに、ホームページを訪れるということは、いまの時代にはほとんどあり得ないと考えたほうがいいでしょう。

辞書や電話帳と同じ用途でインターネットが利用されているとすれば、利用者は、即時に結果を求めているということなのです。たとえば、「新聞折込チラシの印刷コスト」について調べようと思っている法人がいたとします。彼らはインターネットにアクセスして、ズバリそのままのキーワードで様々なホームページを検索し始めるでしょう。

そのときに、印刷会社のホームページが偶然画面に表示されたとします。しかし、もし万が一、そのページに、印刷コストに関する情報はまったくなかったり、印刷のクオリティについての情報ばかりだったとしたら？　「価格についてはお問合せ下さい」とだけ書かれていたら？

すぐに違うページへと来訪者は飛んで行ってしまうのです。

しかし、仮に「印刷コストを安く抑える3つのコツ」というレポートが即時にダウンロードして読むことができるようになっていたら、話は別なのです。

だからこそ、ガイドブックを無料進呈するなら、その場ですぐに読めないと意味がありません。プレゼントに応募させるよりも、その場でダウンロードして読めるほうが良いと言えます。

クリックしたらその場ですぐに読めるようにする。それもお金を払ってでも読みたいような有益な情報をもったいぶらずにタダで読ませてあげるのです。

そして、「さらに読みたい方はメールアドレスを残して下さい。折り返し、より一層詳しく書かれた情報が読めるアドレスをすぐにメールでお知らせします」とやるのです。そうやって顧客をリスト化していくわけです。

●――【番外】電話帳広告は緊急性の高いものほど効果がある

即時性というキーワードが出てきたので、関連して電話帳広告の上手な打ち方を一つ。タウンページの広告を見て電話をしてくるのは、インターネット検索といっしょで基本的に急を要している人たちです。

「うわー、パイプが詰まって水が溢れ出した！」「ひえー、給湯器が壊れてお湯が出ない！お風呂に入れない！」、そんな緊急事態に直面し、「いますぐ何とかしてほしい！」と思っている人たちが多いわけです。

ですから、タウンページの広告は、緊急性の高い商品・サービスほど効果があります。

逆に、緊急性の低い商品。たとえば、住宅リフォームなどは、ほとんどのお宅で、「うちもあと2、3年のうちには考えないといけないかもなあ」などと極めて悠長《ゆうちょう》に考えるわけで、タウンページの特性を考えれば、明らかに不向きと言えます。

その場合は〈給湯器修理〉などの緊急リフォームに限定して広告を出すのです。

【ポイント】

㊳会社にとって最大の経営課題は、いかにお金をかけずにお客さんを集めるか。

㊴本当に低予算で広告を打ちたければ、広告代理店のついていない媒体を活用する。

㊵インターネットで広告を打つ場合は自社の商圏と即時性に注意する。

㊶電話帳広告は緊急性の高い商品・サービスほど効果がある。

■事例9／「ストレートに紹介を依頼する」
――すべての既存客に電話をかけた社長

ある会社の社長さんから相談を受けました。

「どれだけ反応があるかもわからないのに、高いお金を払って広告を打つ気にはどうしてもなれないんです。当社の知名度なんて要りません。売上が、注文がほしいのです。お金がからなくて、注文が取れる何か良い方法はありませんか?」

そこで私は、過去のお客さんすべてに電話をする方法を勧めました。

すべての既存客に電話をするのです。どんな電話をしたのかって?

「その後いかがですか? お願いがございます。どなたかお客様を、ご紹介してください」

あとは無言です。お客さんが電話口で「まぁなぁ、紹介って言ってもなぁ……」となっても、無言です。ご紹介いただけるお客さんが見当たらない場合には、「そうですか。お時間を割《さ》いていただいて本当にありがとうございます。誰かいないかなと、私のために考えていただけただけでも幸せです。では何かありましたら、いつでもお電話下さい。ごめんくださ
い」と言って切る。

ただそれだけです。

紹介をストレートに依頼する。意外にもやっている人というのは少ないのです。それだけ

に、全ての既存客に電話をすると、効果はてき面なのです。

Q15 効果的なチラシかどうかをチェックする、何か目安になるようなものはありますか?

●――自社の広告の良し悪しを客観的に判断する

「うちの広告は良くできてると自分では思うのだけれど、果たして本当にそうなのかどうか。客観的に良し悪しを判断する何か目安になるようなものはないだろうか?」

そんなふうに考えている経営者の方は、少なくないと思います。

そこで効果的なチラシかどうかを客観的に判断するチェック・リストを用意しました。参考にして見て下さい。

●――効果的なチラシのチェック・リスト

□チラシの目的は2つ以内か？（現場見学会にきてほしいのか、電話してほしいのか？資料請求なのか、注文なのか。商品の宣伝、お店の宣伝、社員募集などがごちゃ混ぜになっていないか）

□メインの商品は通常の4倍の大きさでアピールしているか？

□数量制限や期日限定をうたっているか？

□お客さんの感じる心理リスクを、肩代わりしてあげているか？

□地図は見やすいか？　地元の人でなくてもわかるか？

□電話番号は社名よりも大きく、見やすいように大きく掲載されているか？

□電話番号のそばに担当者の名前が書いてあるか？

□電話番号の下に問合せ可能な営業時間と休日は書いてあるか？

□権威からの推薦、マスコミ取材履歴、実績、証拠、表彰状などは掲載されているか？

□「お客さまの声」を上手に活用できているか？

□「お客さまの声」は信頼できるか？（①実名もしくは仮名②年齢③地番を除く住所が掲載できているか。顔写真があればベスト）

□複数のレスポンスデバイス（問合せ方法）を用意しているか？

□社長やスタッフの笑顔の顔写真が掲載されているか？

□裏面を最初に見られたときにも、表面が見たくなるように工夫されているか？（裏面にもタイトルコピーが必要）

□過度な期待をあおり立てるような記載はないか？

□危険を警告しているのにＰＯＰ文字や丸文字になっていないか？

□効果の計測が可能になっているか？

□実際に新聞に折り込まれたとき、紙の色が目立たなくて埋没してしまわないか？

□お客さんが得られるメリットが記載されているか？（サンプルを請求すると、どんな体験ができるのか？　現場見学に行くとどんなことがわかるのか？）

実際にはこのほかにも数え切れないほどのチェック項目がありますが、ここに上げたものを確認し、不備があるなら手直しすれば、おそらく問題の大半は解決するはずです。

【ポイント】
㊷チェック・リストで客観的に自社のチラシを判断する。
㊸チェック・リストで修正をはかれば問題の大半は解消する。

3章

たったこれだけの仕掛けで、最強のダイレクトメールが作れる

「あなたはお客さんに何をアピールすればいいのか?」

1章では、それを考えてきました。

ロールケーキ専門店でいくのか、健康ケーキでいくのか、高級ケーキ店でいくのか、駅前の利便性重視ケーキショップでいくのか……。

そうやって何で勝負していくのかをしっかりと見極めることは、とても大切だからです。

そして、2章では、どれだけおいしいケーキでも、アピールの仕方を間違えると駄目ですから、その方法を学びました。お店の見た目が悪ければ駄目。ケーキのショーケースが汚ければ駄目。見た目をどう工夫するかについて学びました。

どれだけ素晴らしい商売をしていても、その素晴らしさをどう伝えるかが大切だからです。

さて、3章だけは少しだけ特別です。ダイレクトメールというツールの解説だからです。

販促ツールの中では、チラシ、新聞広告などと肩を並べるほどによく使われています。

でも、すごく注意して利用してほしい販促ツールなのです。

だから特別に章を割いてでも説明したいと思います。


このツール。使い方によっては、天国と地獄ほどの違いが出ます。

まずは、そのお話からスタートしましょう。

Q16 ダイレクトメールを開封してもらうための、何か良い方法はありませんか？

天国と地獄の差が出るダイレクトメール

ダイレクトメール（DM）は、上手に使えば、驚くような業績アップにつながります。

たとえば、ある健康食品通販会社は、たった586通のDMを出しただけで、なんと売上1700万円、利益1280万円を稼ぎ出しました。

「先生、やりました！」とその会社の社長さんから報告をもらったとき、アドバイスした私自身がイスから転げ落ちそうになるほどびっくりしたのを憶えています。

一方で、1000通出して1件なんてことになると「200万円のコストで5万円の売上です」なんていう状況で、相談にいらっしゃる方もいます。もちろん赤字。鼻血じゃすまない大出血です。

DMというのは、天国と地獄の差が出るツールです。では、どうやったら、儲かるDMができるのか？

まず、DMといっても様々です。DMというのはカテゴリーの広い販促ツールなのです。はがきDM、変形ハガキDM（120円）、ファクスDM、透明なビニール封筒を使ったDM、普通の封筒を使ったDMなどがあります。

このなかで最も一般的に利用されているのは、普通の封筒にセールスレターやチラシなどの販促資料を同封したDMです。これを活用する場合は、受け取った人に、何をおいてもまず、封を切ってもらう必要があります。開封してもらわないことには話になりません。

そこでまずポイントになるのは封筒と表書きです。

実は、封筒は茶封筒が無難なのです。透明なビニール封筒は、なかのチラシが見えるので、DMであることが一目瞭然。最初から開封された状態で送られているのといっしょです。興味のある人には訴求力を持ちますが、そうでない人にとってはただのゴミです。

そういう意味では、ビニール封筒というのは、まさに諸刃《もろは》の剣で、中身をよほど魅力的に作れる人でない限り、基本的にお勧めしません。それより地味ではありますが、茶封筒の方が開封の期待が持てます。

宛名はシールで十分。手書きである必要はありません。

そして表書きには、「夏のキャンペーン中」などのコピーは絶対に使わないこと。ひと目で「あ、売り込みDMだな」とわかってしまい、かえって逆効果です。

下手な表書きというのは自殺行為なのです。郵便物を一つひとつ、読むもの、読まないものとふるいにかけるとき、必ず読まない方に置かれてしまうのです。そうなれば、あっという間にゴミ箱行きです。その点、何も書かれていない茶封筒であれば、とりあえず、「何だろう?」と思って読む方に置いてもらえますし、開封率も極端に高くなるのがわかっています。

●何でもいいから異物感を持たせるのもGOOD!

さて、さらに開封率をアップさせる方法があります。「何だろう?」と、いかに数多くの人にDMを開封させるか?

実は、簡単にできて、なおかつ効果が高い方法が一つあります。

それは異物感を持たせることです。何でもいいから封筒のなかに入れて、「あれ、何だこれ? 何か入ってるぞ」と思わせるのです。

封筒のなかに入れるのはどんなものでもかまいません。たとえば、ゴルフ場のボールペンなどは1本2・5円で買えます。1000本買っても2500円です。これだけで、「お、何か入ってる」と思って封を開けてくれるのです。

異物を入れた場合と入れない場合とでDMの効果にどれくらいの差が出るのか、以前、調査したことがあります。その結果は驚くべきものでした。実に異物を入れた方が約25％も注文率が高かったのです。開封率が25％アップしたのではありません。注文率が25％アップしたのです。おそらく開封率はもっと向上していたはずです。これを利用しない手はありません。

たとえば、ある住宅会社では、檜《ひのき》のチップを入れています。ノミやカンナで削ったときに出る木屑《きくず》を入れているのです。木屑なんて放っておけばゴミです。それを、「当社ではこんな檜を使っています。どうぞその香りを味わってみて下さい。お風呂に入れると香りが増しますよ」と一言添えて同封しているのです。

ぬくもりのある木の家をたちまち連想させるそのテクニックに、思わず、「うまいなあ」と思ったものです。こういう会社は実際の仕事も素晴らしい。いい家を作って、多くのお客さんに愛されています。

他に面白い例としては、砂時計を入れている会社もあります。

超安物で、3分間を正確にはかることもできないシロモノなのですが、それでも開封させるには十分な小道具になります。

「締め切りが迫っています。お急ぎ下さい」というメッセージと一緒に砂時計が入っているわけです。学習塾は、同じようにメッセージを添えて鉛筆を送ったりもしています。

是非、自社商品を効果的にイメージさせるものを用意して異物感を演出し、開封率のアップを目指して下さい。

[ポイント]
㊹開封してもらいたければ、茶封筒が無難である。
㊺表書きに「キャンペーン中」などとうたわない。
㊻封筒に何か入れて異物感を演出する。

Q17 ダイレクトメールの内容物は、三種の神器

● 文書や資料を詰め込みすぎてはいけない

ダイレクトメール（DM）の封筒の中に、チラシやパンフレットを詰め込みすぎて、逆に売れなくなってしまっている会社が多すぎます。

これは、本当によくあるミスなのです。DMに何を入れるかは、とても大事な問題です。

せっかく開封してもらっても、ちゃんと読んでもらえなかったら意味がないからです。

実際に、あれもこれもと詰め込みすぎて結局読んでもらえないのです。たとえば、あるクライアントさんは、チラシやニュースレター、無料ガイドブックなど、全部で7種類もの文書や資料を同封していました。

7種類の販促ツールが、封筒から一気に出てくるのです。それを擬似的に言えば、DMを開封したら、7人の営業マンがいきなり飛び出てきて、いろいろとセールストークをしゃべりまくっているようなものです。

DMを開封した瞬間というのは、「とりあえず、話だけは聞いてやろうか」という状態です。

そのとき、目の前に一人の営業マンが現れ、いろいろなことを話してくれるのと、7人の営業マンがぞろぞろ現れ、いっぺんにあれこれ話しかけてくるのと、どちらが抵抗感が少ないですか？

7人もいたら、誰だって嫌ですよね。

一人が話すならともかく、そんな大勢で「これはですね」とか「いや、実はこれがこうでして」などと、あれこれ話されたって、何が言いたいのかよくわからないだろうし、結局は、「ああ、うるさい！　もう帰ってくれ！」って話でしょう。

「お客さんに伝えたいことがいっぱいあるんです――」。その気持ちはよくわかります。でも、お客さんが消化不良を起こすほど多種多量の文書や資料を同封したのでは、結局、どれ一つとしてまともに読んではもらえないのです。

●儲かるDMは「三種の神器」で勝負する

では読んでもらえるDMにするには何を入れれば良いのでしょうか？

実は、これはもうはっきりしているのです。反応の良い儲かるDMというのは、基本的に3つの文書や資料しか同封しません。すなわち、

①セールスレター
②申込書
③お客さまの声

の3種類です。3つの役割を簡単に説明するとこうなります。

まず、「セールスレター」でDMの主旨をわかりやすく説明します。それは玄関先の営業トークと基本的に同じです。

擬似的な営業マンスタイルで言えば、こんな感じで切り出します。

「突然、ご訪問させていただき、大変申し訳ございません。貴重なお時間を無駄にしたくないので、単刀直入に申し上げます。〇〇にご不満（ご興味、ご関心）はございませんか。もしおありになるようでしたら、少しだけ話を聞いていただけませんでしょうか？　同封している申込書をご覧下さい。また、お客様からいただいている声も同封いたしました」

　こんな感じで、その他の同封ツールについての説明も、セールスレターのなかでお話するわけです。もちろんセールスレターは、回りくどい挨拶なんかいりません。いきなり結論から入って下さい。

　そうやって起承転結の結から入って、お客さんに、「そう言えば、あれ何とかならないかなと思ってたんだよなあ」と思わせたところで、「実は」と起に戻って、「弊社の商品は〇〇がとても△△と評判でして」と、じっくり自社商品のアピールを開始するのです。

　このアピールは、とことんやって下さい。出し惜しみすることなくすべて語って下さい。商品のこと。会社のこと。あなたのこと。社歴や実績のこと。同封の資料についての説明ももちろんです。ありとあらゆることについて、プレゼンテーションの技術、シナリオ・ライティングの技術、セラピーの技術、ネゴシエーションの技術、すべてのテクニックを駆使して１２０％語り尽くして下さい。

お客さんは、そのアピールを読み終わると、こう思います。

「で、オレにどうしてほしいの?」

その疑問に答えるのが、「申込書」なのです。

これは当然、DMの目的によって違ってきます。来店を促すのか、無料サンプルの資料請求をさせるのか。申込書で何を申し込ませるのか設計する必要があります。

たとえば、「申込書持参の方、初回パーマ無料!」(美容院)とか、「在庫が豊富なのでぜひ一度ご来店下さい。その際、この申込書をご持参いただいた方には、ワックス・セットを無料プレゼントします」(中古車ディーラー)などとやるわけです。

しかし、お客さんはここで、「言いたいことはわかった。でも……」と考えます。

お客さんは「yes、but」(=「けっこういいかも。でもなあ……」)の世界に生きているのです。ここで申し込みをあと押しするのが、第三者である「お客さまの声」なのです。

これは男女の機微を考えればよくわかることです。気乗りのしない相手でも、第三者から、「あの人、すっごくいい人らしいよ」などと言われると、「へえ、そうなんだ。なら、とりあえずお茶だけでも一回つき合ってみようかしら」となるものです。

「お客さまの声」は、そんなキューピッドの役割を果たしてくれるのです。

［ポイント］

㊼消化不良を起こすほど大量の文書や資料を入れてはいけない。

㊽反応の良い儲かるＤＭは基本的に3つの文書や資料しか同封しない。

■事例10／「ＤＭにあえて違和感を演出する」

――驚異の反応率を達成した環境関連メーカー

ある環境関連メーカーは、通常Ａ４用紙１枚で送るファクスＤＭをＡ４、３枚１セットで送りました。しかもその中身がまたすごい。パソコンできれいに印字した文書のなかに、あえて太いマジックの手書き文字を交えて強烈な違和感と手作り感を演出したのです。

こんなファクスが届いたら、誰だって驚きます。「何じゃこれは⁉」と思わず手に取ります。それくらい、いい意味でのヘンな感じがあったのです。その実力は、問合せや資料請求の多さが証明していました。通常、ファクスＤＭの反応率は１０００分の１程度と言われています。つまり０・１％です。それがこの会社の場合は、なんと４％もあったのです。１００分の４です！

まさにケタ違いの反応率です。この会社は請求のあった人にバンバン資料を送付しました。

ところが一向に注文が入りません。資料請求はどんどんくるのに成約にまで至らないのです。

「いったい何がいけないんだ?――」。この会社は頭を抱えてしまいました。

相談を受けた私は、状況から判断して、送付資料に問題があるとあたりをつけ、何を同封していたか聞きました。ビンゴでした。なんとこの会社では9種類もの文書や資料を送付していました。明らかに詰め込みすぎで、受け取った人は、すっかり消化不良を起こしていたのです。

そこでこの会社は、私の助言に従い、例のパワフルなファックスDMのテイストを残しつつ、9種類あった文書や資料を4種類までに絞り込みました。その結果、うそのように成約数が急増したのです。

Q18 儲かるセールスレターにするには、いったい何を書けば良いのでしょうか？

●――言葉で伝えられるのは言いたいことの10％以下だと思え

「セールスレターに何を書けば良いのでしょうか?」

この問いに対する答えは、「全部」です。すべて書き尽くして下さい。

会社の姿勢、その商品への入れ込み、アピールポイント、お客さんの声、開発経緯、業界内の位置づけ、値段の根拠、妥当性――。

営業マンが営業のプロセスのなかで盛り込むべき内容はすべて網羅します。

「そう言われても、よくわからないんですけど……」

という人は、「過去にお客さんから質問されたこと」と「お客さんにアピールできるポイント」を全部書いて下さい。

たとえば、「この住宅ってどこがいいんです?」「よその工務店とどこが違うんですか?」「完成するまでどのくらいかかるんですか?」「保証はどうなっているんですか?」「アフターサービスはどうですか?」「ローンってどのくらい組めばいいんですか?」……等々、これまでにお客さんから聞かれたことを思い出して、それらに対して漏れなくすべてに答えるようにしましょう。

そして、お客さんにとって必要な情報が120%書いてあるセールスレターにして下さい。必要であれば、10ページでも20ページでも書きましょう。

もちろん長ければ良いというものではありませんが、120%書こうと思えば、ある程度長くなるのはしょうがありません。

なぜなら、人間は語れる以上のことを知っているし、持っているからです。それはお客さんもわかっています。手紙に書いてあることが素晴らしいと思えば、もっと話を聞きたいと思うのが人の常です。

だから、120%書いて下さい。それでも伝えられるのは思いのたけの10%以下です。到底語りきれるものではありません。それほど言いたいことを人に伝えるのは難しいのです。

たとえば、思いのたけをすべて込めて書いたラブレター。でも言いたいことのどれだけを伝えきることができるでしょうか。人は語れる以上の思いを抱いています。

言いたいことがあるのに、それを出し惜しみするなんてナンセンスもいいところです。

私は自社のHPで有益な情報を無料提供していますが、これも出し惜しみしたくないからです。実は私の書いた本とＨＰの無料情報だけで業績を１５０％以上アップさせた個人事業主や営業マンの方がいます。一冊１３００円の本とＨＰの無料情報だけで業績が１・５倍になるのです。

そりゃあ嬉しいでしょう。笑いが止まらないはずです。実際、「全国でトップセールスになりました」などという感謝のメールをもらったりもします。

ところが、顧客リストを見ると載っていない（笑）。ただの読者なのです。正直に白状すれば、「本でノウハウを出し過ぎたかな」と思わないでもありません。ちょっともったいない情報を提供しすぎたかなと。

でも、いいんです、それでいい。そういう人からは必ず何らかの形でギフトが返ってきます。「この本はいいよ」「あのＨＰは役に立つよ」――。彼らはきっと知り合いの経営者や個人事業主や同僚の営業マンや部下などに話してくれるはずです。

それを聞いた人が、私の本を手にとり、ＨＰにアクセスする。なかにはそれをきっかけにしてクライアントになってくれる人もいるでしょう。

廻りめぐって僕のところへちゃんとギフトは届くようになっていると、私は思っているのです。でも、もし、１２０％書かなかったら、誰の役にも立っていなかったでしょう。

●漫才といっしょで最初のつかみが肝心

さて、お客さんに必要な情報をせっかく120%書いても、ただ、だらだら書けば良いというものではありません。タイトルコピーや書き出しがよくないとお客さんの食いつきが、いま一つ良くないのです。

漫才といっしょでセールスレターも最初のつかみがとても大事になります。見た瞬間に、「えっ⁉ 何だ⁉」とお客さんの心をぐいっとわしづかみする必要があるのです。

そこで利用したいのが、次の2つのテクニックです。

1つは、ダン・ケネディという人が、『THE ULTIMATE SALES LETTER（究極のセールスレター）』という本で提唱している「文章構成の順番パターン」です。これは簡単に言えば、まず最初にお客さんの不安をあおり、あとからその解消法を提示するという文章（説得）テクニックです。

具体的には、

P：Problem（プロブレム）／まず最初に、「いつも生ゴミをカラスがつついて嫌気がさしているのではないでしょうか」とお客さんの抱える問題を指摘し、

A：Agitation（アジテーション）／「冬はいいですけど、夏はたまりませんよね。

カラスに食い散らかされた生ゴミのあの悪臭！　もう鼻が曲がっちゃいます！」とあおり立て、

So：Solution（ソリューション）／「でも大丈夫。このスプレーをひと吹きするだけでカラスが嫌がって近づかなくなるんです」と問題の解決策を提示し、

N：Narrow down（ナローダウン）／「ただし、この商品は毎月限定生産なので数量に限りがあります。ほんとうにお困りな方だけにご提供させていただいています」と絞り込みをかけ、緊急性を演出し、

A：Action（アクション）／最後に、「いますぐご注文を！」と行動を呼びかけるわけです。

この5つの要素を、この順番通りに語りかけると、自然に「えっ!?　何だ!?」という心理ギャップを作り出し、こっちの話に相手を引き込むことができます。

この「文章構成の順番パターン」というのは、商品を選びません。特徴があろうがなかろうが、どんな商品でも使えます。

ただ、この方法は、お客さんの感情を意図的に昂《たか》ぶらせるので、つつかれたくない心理にまで土足で踏み込んでしまうこともあります。だからこそ、もし活用するのであれば、あくまでもエレガントに使われることをお勧めしておきます。

さて、もう一つの手法は、いきなりメリットから入る、いわゆる「欲求喚起型」のテクニックです。

たとえば、「こんな〇〇ができる商品があるのをご存知でしたでしょうか？」と、その商品の素晴らしい点をいきなりバンと訴える。そのあとで、「この商品は〇〇でお悩みの方に最適です。ひょっとしてあなたは〇〇でお悩みではありませんか？」と問題を指摘します。

あとは「文章構成の順番パターン」と同じ流れで論を展開します。

この方法は、特徴のある商品向きです。たとえば、あるネット通販会社は、

《キム〇ク愛用シャンプー

無料サンプルプレゼント》

という、たった2行のキャッチコピーで携帯宛てにメール広告を出したところ、なんと7万件もの資料請求が来たと言っていました。

メリットをいきなりバンと打ち出す直球勝負の欲求喚起型コピーの典型的な例です。

［ポイント］
㊾1－20％書いても伝えられるのは10％以下。
㊿「えっ!?　何だ!?」とお客さんが思うような心理ギャップを演出する。
51「文章構成の順番パターン」と「欲求喚起型の語りかけ」のテクニックで、セールスレターを構成する。

Q19 インパクトのあるキャッチコピーって、どうやって作ったら良いのでしょうか？

●――意外な言葉で心理ギャップを演出する

タイトルキャッチコピーの役割は何かというと、見る人をして「えっ!?　何だ!?」とびっくりさせることにあります。

たとえば、工務店のチラシのヘッドラインコピーに「お願いします。まだ家は建てないで下さい！」とあったらどう思いますか。「えっ⁉　何だ⁉」と思うでしょう。「工務店が家を建てないで下さいってどういうことだ⁉」と心理バランスが崩れてしまうはずです。

このように意外な言葉で心理ギャップを演出するのが、キャッチコピーの役割なのです。では、具体的には、どうやって書けば良いのでしょうか？

正直に白状します。実は、この話はあまりしたくありません。なぜかと言えば、これはまさにコンサルタントの虎の巻であり、ノウハウの塊《かたまり》だからです。これを話してしまったら、私の仕事の2割はなくなってしまうかもしれない。

それくらい、私にとってはメシのタネなんです。

でも、「伝えたいことは120％書き尽くせ！」と言ったばかりの自分が、「そんなことをしたら商売上がったりだ！」と出し惜しみするのもみっともない話です。

ここは一つ、清水の舞台から飛び降りるつもりで、売れるキャッチコピーの鉄則集をどんとまとめて紹介することにします。

●売れるキャッチコピーの鉄則集

①ニュース性に訴える

人はニュース性（新規性・事件性）に敏感です。それを刺激します。キーワードは、「初公開」「新開発」「新発売」「新登場」「発見」「発掘」など。

②目を引く言葉を活用する

人は人知を超えたものに弱い。だから、「魔法」「奇跡」「神秘」などのキーワードは注目される。

③道徳心の裏側に潜む本音を刺激する

人間誰しも、ひと皮むけば、人には言えない本音を隠していたりするものです。その道徳心や倫理観の裏側に潜むほんとうの欲望、欲求を刺激します。キーワードは、「驚異」「驚愕」「告白」「暴露」など。裏の欲求は抑えきれないのです。

④相手の危機感に訴える

いますぐ対策をとらないと大変なことになると相手の危機感に訴えます。キーワードは、「警告」「注意」など。

⑤特定のターゲットに呼びかける

顧客層を絞り込んでその人たちに向けて訴えます。絞り込む対象は、年齢、職業、性別、居住地、属性など。

ex.「〇〇地区にお住まいの方へ緊急のお知らせ！」「社員5人以下の会社の社長さん

へ！」「あなたが3年間無事故なら保険料が31・7％も安くなるのをご存知でしたか」

⑥専門家をダシにして読者の素朴な興味を引く

その道のプロに困ったときの解決法を語らせます。

ex.「医者は風邪をひいたときどうするか」

⑦具体的な数字を見出しに使う

人は話の根拠になる具体的な数字に弱い。そこを突きます。

ex.「合格者続出179名の実績！」

⑧カギ括弧付きで「お客さまの声」を活用する

カギ括弧をつけると読まれる率が23％アップします。

ex.『まさかこれほどとは思ってもみませんでした』（○○市在住　○○○○様　○歳）

⑨具体的なノウハウがあることを伝える

ひと目でそこに解決策があることを知らせます。

ex.「○○で成功するための7つの方法」「○○失敗しないための5つのポイント」など。

⑩無料を強調する

お金が一切かからないことを強調します。

ex.「今年定年を迎えるあなたに○○無料進呈！」

⑪不安を喚起する

本人は自分が問題を抱えていることに気づいていないことが多い。それを指摘し、不安を喚起します。

ex.「ひょっとしてそれは○○だと思い込んでいませんか」

⑫多くの人が成功していることをうたう

人は他人の成功に勇気を得ます。「自分にもできるのでは」という心理を突きます。

ex.「最初は疑問に思っていた1238名の方が、この○○で美肌を取り戻しました」

⑬不可能が可能になったことを強調する

「そんなの無理」と思っていたことができると、人は猛烈に驚きます。

ex.「主婦の私がわずか1年で5000万円も株で儲けた」

⑭希少性をアピールする

人は数量限定、期間限定など希少性にとびきり弱い。それを刺激します。

ex.「限定500本、3日間だけのセールです」「限定200名様だけに無料プレゼント」

⑮抵抗心理を逆手に取る

人は天《あま》の邪鬼《じゃく》なところがあって、得てして言われたことの反対の行動を取りたがります。

その心理を突きます。

ex．「○○の方は、絶対に次のページをめくらないで下さい」

⑯母親の口癖を応用する

母親の口癖を応用したコピーは成功する確率が高い。ぜひ活用を考えて見て下さい。

ex．「だからよく前を見て歩きなさいって言ったでしょ！」「ほんとにこの子は人の言うことを聞かないんだから」「テレビばっかり見てないで早く宿題やりなさい！」

⑰その他の効果的な言葉を使う

人の目を引く、インパクトの強い言葉を使いましょう。具体的には、事実、真実、本物、限定、優待、穴場、限界、最新、超ド級、最後の、極上の、こだわりの、など。

いかがでしょうか？　それとキャッチコピーを考える上で、とても参考になるのが、女性誌の中吊り広告です。新聞の雑誌の広告も必見です。私は『雑誌の目次大百科』（ビエ・ブックス）という本も買って参考にしています。雑誌の特集記事なんかもすごく参考になります。雑誌は見出し一つで売れ行きが決まります。それだけに人の心にいかに訴えるかのテクニックに溢れています。ぜひ参考にすると良いでしょう。

●——これをやったら失敗するダメなコピーの典型的パターン

よくある失敗コピーのパターンとしては、

- ●ニュース性が感じられない
- ●ベネフィットの匂いがしない
- ●ネガティブ面ばかりを訴える
- ●恐怖だけをあおり立てる
- ●何が言いたいのか意味がわからない（＝雰囲気だけの「おしゃれコピー」）

などがあります。

たとえば、「幸せを運ぶ家」――。大手のハスメーカーがたっぷりお金をかけて有名タレントを使って流すテレビＣＭならいいんです。

でも、折り込みチラシで工務店さんがこれをやったらダメです。

そんなのお客さんにしてみれば、当たり前で、「どうやって幸せを運んでくれるのか、教えてくれよ！」って話になっちゃうわけです。

キャッチコピーは、漫才のつかみといっしょです。だから、そこでお客さんに引かれてしまったら、おしまいなんです。いくらボディコピー（本文）で１２０％のセールスレターを書いても、そこにお客さんの興味をつなげることができなかったら、意味がないんです。

キャッチコピーは、ボディコピーへ興味を誘導するためのスタートダッシュなのです。

その一言を目にしたら、もう本文を読まずには入られない——。
興味をつなぎ、さらに勢いをつける、そんなキャッチコピーを考えるようにして下さい。

［ポイント］
52 売れるキャッチコピーには一定の法則がある。
53 雑誌の見出しは大いに参考になる。
54 キャッチコピーの命は本文へ興味を誘導すること。

Q20 文章を書くのが苦手です。お客さんのハートを一発でつかむ何か良い方法はありませんか？

●——スリップ・インで相手の心をひきつける

もう少しだけセールスレターのノウハウを続けましょう。

セールスレターの本文をどうやって書いたらいいかわからない――。

この種の相談もよく受けるからです。

タイトルキャッチコピーや、語りかけの順番については理解したけれど、やっぱり上手に書けない。そんな悩みが多いのです。ですが、ある意味では当たり前なのです。

私と違って、あなたはセールスレターのライティング技術に関して言えば素人です。

過去に製作してきたセールスレターの数も違いますし、経験の量が違うのです。何でもトレーニングが必要なのです。いくつもセールスレターを書いていくうちに上手になっていくのです。

……とはいえ、やっぱり手っ取り早い方法が知りたいのがクライアントさんです。ですから、ちょっとした上達の近道をお教えします。最初の1行を書き始めるところから説明しましょう。

最初の数行、できれば1行目で相手の心をぐいっとわしづかみにして放さない強烈な話を持ってきて下さい。これでほぼ間違いなく、その後も読み進めてもらえます。

とにかく最初が肝心なのです。これは映画でも舞台でも小説でも講演でもみんないっしょです。頭のところで「おお！」とひきつけることができれば、勝負ありで、あとは惰性《だせい》で最後までつき合ってくれるものです。そうやってひきつけることを「スリップ・イン」と言います。

たとえば、その昔、読んだある作家の文章は、こんな書き出しで始まっていました。

「失業したとたんにツキが回ってきた――」。

おいおい、失業したら普通は暗い毎日が待ってるんじゃないの？　いったい何が始まったんだ？　そう思いながら、読み進めたのを憶えています。ある文芸誌の新人賞受賞作で、その書き出しだけはやけに強烈で、記憶に残っています。

あるいは、こんなのもありました。

「死のうと思っていました――」。

えっ⁉　何⁉　どうしたのって感じです。

こんな書き出しでセールスレターが始まっていたら、誰だって続きが読みたくなるでしょう。要するに、そういう書き出しを考えればいいんです。

「でも、それがわからないから困ってるんで……」

そういう人は、自分の頭のなかだけで、とびきりスペシャルな文章を書こうとするから、「ああ、書けない……」と煮詰まってしまうんです。いい書き出しが思いつかなかったら、プロの文章を参考にさせてもらえばいいんです。

明日にでも図書館へ行って、有名な小説やエッセーなどを片っ端からのぞいてみて下さい。

そして、「おお！」と心をひかれた書き出しがあったら、ノートに書き写すんです。

この作業を二時間もやったら、相当の数が拾えるはずです。

そうやって集めたプロの名文を自社のセールスレターの書き出し部分に応用します。

たとえば、「失業したとたんにツキが回ってきた」と「死のうと思っていました」を組み合わせて、こんなふうにアレンジします。

「パソコンが壊れたときはもうダメだと思いました。ああ、これでデータは全部消えちゃったなあ、と目の前が真っ暗になりました。でも違ったんです。ワラをもつかむ思いでかけた一本の電話が、私に幸運の女神を連れてきてくれたのです」

イメージとしてはパソコンソフト会社の営業マンの体験談ないしは自社製品の開発秘話ですが、この手の「もうダメだと思った。でも、あることがきっかけでその後の運命が変わった」式の話は、誰にでもどんな業種にでも応用がききます。一つのパターンとして参考にしてみて下さい。

逆にこれだけは絶対にやってはいけない書き出しは、「拝啓　貴社（貴殿）ますますご清祥のこととお慶び申し上げます」という例のやつです。

こんな型通りのビジネスレターをもらって嬉しいですか？　読みたいと思いますか？　でも、出しちゃう会社が多いんです。年賀状といっしょで、自分は読まないくせに、人は読ん

でくれると思ってるんです。

そんな手紙はお金をドブに捨てるようなものです。売れるセールスレターにしたいなら、絶対にやってはいけません。

●ネタをカード化して文章の構成を考える

書き出しと同じくらい難しいのは、文章の構成です。

これを解決する一つの方法が、ネタのカード化なのです。具体的には、次のようにすると良いでしょう。

まず、普段のお客さんとの営業のやりとりをボイスレコーダーに録音します。できれば10件くらい録音して下さい。それを全部文字に起こします。A4で30、40枚にはなるはずです。

それを話の内容ごとに分解します。そのなかで使えそうなエッセンスだけを抽出して、トピックごとに100字ほどにまとめてカードに転記します。

トピックをカード化したら、この文章の塊を並び替えて、筋の通る文章に仕立て上げます。

最後にその流れに沿って、文章を膨らませていけば、セールスレターのでき上がりです。

「どんな特長があるのか」「メリットがあるのか」といったアピールポイントについては、簡潔明瞭に箇条書きで示すのが、文章のアクセントにもなり、効果的です。

また強調したいポイントには、必要に応じてアンダーラインなどを入れるのも忘れないで下さい。

そして最後に忘れずに「追伸」をつけること。これをつけることによってセールスレターは個人から個人への手紙（私信）に変わります。セールスレターは「私どもは」ではなくて「私は」と1人称で書くのがセオリーですが、それも私信のイメージを演出するためです。

追伸の使い方は、いろいろありますが、一般的には、次のような文章を入れることが多いようです。

「先ほどもお話しさせていただきましたように、申込書の期間内にご注文いただきました方に限って特別のプレゼントをご用意させていただいております。数に限りもございますので、もしご興味がおありでしたら、ぜひこの機会をお見逃しなく！」

〝追伸〟はタイトルキャッチコピーとアンダーライン部分の次に読まれる箇所だとされています。最後の一押しになるよう効果的な使い方をしたいものです。

［ポイント］
㊺最初の1行でお客さんの心をわしづかみにする。
㊻型通りのビジネスレターは最悪である。
㊼本文の構成はネタをカード化して考える。
㊽「追伸」で私信をイメージさせ、最後の一押しをする。

Q21 「お客さまの声」は、どのように使えば良いのでしょうか？

●――「お客さまの声」を引き出す6つのポイント

「お客さまの声」は、裁判で行なう弁護側証人の証言と同じです。

自分で自分を褒めても信用されませんが、他人が褒めれば人は信用するものです。だから、

弁護側証人のように第三者の立場で客観的に褒めてもらう必要があります。

たとえば、『子どもが育つ魔法の言葉』（ドロシー・ロー・ノルト／レイチェル・ハリス）という大ベストセラーがありますが、あれは皇太子さんが「良い本だ」と褒めた途端に売れ始めたのです。皇太子さんの発言は、最高の「お客さまの声」になったわけです。

では、他人が聞いて、思わず「ほお！」と納得するような証言（「良い声」）を書いてもらう、もしくはインタビューで聞き出すためには、どうすれば良いのでしょうか。

それにはカギになる6つの質問事項があります。

すなわち、

①当初、何に悩んでいましたか？
②何がきっかけでうちの商品を知ることになりましたか？
③商品を知ってから買うまでに何か躊躇することがありましたか？　それは何ですか？
④それはどう解消しましたか？
⑤購入する際、最後の決め手になったのは何でしたか？
⑥実際に使ってみてどうですか？

の6項目です。これは、どんな商品・サービスにも共通する質問事項です。

この6項目について、手書きで回答してもらってもいいし、ボイスレコーダーに録音する形でもいいですから、コメントをもらうのです。

法人相手にソフトウエアを売るある大手企業なども、お客様にこの6項目の質問を行い、その回答をそのまま「ソフトウエア導入成功事例集」として販促資料に載せています。

結果として、そのクライアントさんは、同業種のソフトウェアで日本一のシェアになったのです。

●──「お客さまの声」はあらゆるシーンで使える

「お客さまの声」は、販促活動のあらゆるシーンで活用できます。

たとえば、ある営業マンは、お客さんの「良い声」を訪問販売の販促材料に利用しています。彼は「良い声」を寄せてくれたお客さんの住むエリアを重点的に開拓して歩くのですが、その際、「良い声」をまとめたファイルを持参します。「良い声」をくれたお客さんをAさんとすれば、ファイルのAさんのコメントのところには、あらかじめ付箋を貼っておきます。

そして、「すみません、ご近所だと思うんですが、Aさんというお宅をご存知ありませんか」と言って呼び鈴を鳴らすのです。

ドアを開けてくれたお宅では、「このAさんというお宅なんですが」とファイルの付箋のところを開いて、そのまま手渡します。その瞬間、自分の携帯が鳴ったフリをして、「すみません、ちょっと」と4、5歩離れ、「ああ、その件ですか」などと一人芝居をします。時間にして1、2分。

その間にその家の人に、「◎◎ハウジングさんに頼んで本当に良かったと感謝しています」というAさんのコメントを読んでもらうのです。

あとは携帯を切るフリをして「お待たせしました」と戻り、Aさんのお宅を知っていようがいまいが、「ありがとうございました」とお礼を言い、「私はこういうものです」と名刺とチラシを置いてくるわけです。

たったこれだけのことで、

「へえ、この会社って、けっこう評判いいんだ」

とその家の人が思ってくれたら、もう万々歳なのです。

あるいは私自身、「お客さまの声」をこんなふうに活用したことがあります。

コンサルティング会社を立ち上げたばかりの頃でした。クレジットカードを作ろうとあちこち申請するのですが、まるで審査に通らない。「トイザらスカード」でも落ちました。猛烈なショックでした。

「オレってそんなに信用ないんか?」

ビジネスをやっているとカードは必要だし、どうしてもほしい。考えました。寝ないで考え抜きました。その結果、悟ったのです。

「信用がないなら、何かでそれをカバーするしかない」と。

私は早速、取引先の信用金庫の支店長にお願いして直筆でこう書いてもらいました。

「この人はいまの会社を起こして一年だけれど、これだけの実績があります。うちの口座にもこれだけの残高があります。もともとは住宅リフォーム会社で大成功していた人です。私は信頼できる人だと思っています。ぜひその点を加味してよろしくご検討下さい」

支店長のこの推薦の言葉は、まさに「お客さまの声」でした。私は自身の信用のなさを支店長の「良い声」でカバーしたわけです。クレジットカードの申請書に、その推薦の手紙をホッチキスで止めて郵送したのです。

私の手元に信金ビザカードが届いたのは、それから間もなくのことでした。

●――「お客さまの声」は場面に応じて使いわける

「お客さまの声」の活用法は、ほかにもいろいろあります。

使い勝手のいい代表的な使い方としては、次のようなものが考えられます。

①取引先に見せる（「良い声」を見た取引先は、お客さんに喜ばれていることを知ります。それはお金には変えがたい嬉しさです。だからこそ、手抜きの抑止効果になるのです）

②社員に見せる（「良い声」は社員のモチベーションを高める）
③DMに同封したりチラシに載せたりする（「良い声」で、実績や評価を証明する）
④ニュースレターに載せる（「良い声」でお客さんとの信頼が深まる）
⑤店頭や応接ルームなどに貼る、ファイルにして置く（「良い声」をお客さんに見てもらう。信頼が増す）

なかでもDMに同封したり、チラシに載せたりするのは、最も有力な活用法の一つです。その場合、「お客さまの声」はいろいろな場面でいろいろな使い方ができるだけに、そのシーンにふさわしい最適な声を使う必要があります。

たとえば、寝具屋さんが「布団の一週間無料レンタル」をやるとします。「枕の高さや布団の重さ、質感などは実際に使ってみないとわかりません。ぜひ一週間お試し下さい」と。

ここで効果を発揮する「お客さまの声」は、お試しレンタルをした上で布団を買ってくれた人の声です。

「お布団は思ったより軽くて肌ざわりも良いのに驚きました。枕も3つも貸してくれて、自分にどれが合うのか良くわかりました。これならと安心して買えました――」

ここで必要なのは、「試してみて良かったから買った」というお客さんの声であり、お試しレンタルをしないで買った人の声では弱いのです。

これは、住宅の現場見学会も同じことが言えます。

「一度のぞいたらすごい営業をかけられそうで、正直、躊躇があったんです。でも実際に足を運んでみてびっくり。こんなに気軽に現場を見られて、話も聞けるなんて思ってもみませんでした。これならまた来ようと思いました――」。

このように、「家を建てて良かった」ではなく、「現場見学会に来て良かった」という声が必要なのです。

なお、「お客さまの声」を利用するに当たっては、
①手書きのものはそのまま掲載する（パソコンで打ち直すとウソっぽくなる）。
②質より量を追求する（素晴らしい「良い声」が一つより、ありきたりの「良い声」が100ある方がいい）
③名前に真実味を持たせる（○○町Aさんという書き方よりも、○○町△△□□様〈仮名〉のほうが真実味がある）。
の3つのポイントに注意して下さい。

以上の点に留意しながら、「お客さまの声」に無限の力を発揮させて下さい。

［ポイント］
59「お客さまの声」は裁判の弁護側証言と同じである。
60「お客さまの声」はありとあらゆるところで使える。
61「お客さまの声」はシーンに応じて最適なものを使う。

■事例11／「この会社は世の中に必要な会社だ」
——5万通の「声」で会社再建の道が開けた『カンキョウ』

『カンキョウ』が会社更生法を申請したのは1998年のことでした。この会社は、「クリアベール」というイオン式空気清浄機を200万台以上も売り、市場を創造したことで知られています。

業界首位を走り、ベンチャーの旗手と呼ばれていたのですが、大手家電メーカーの参入と不可解な公正取引委員会の行政指導により、倒産に追い込まれてしまったのです。

この会社は、会社更正が認められ、その後、再建しますが、そのとき裁判所の判断に大きな影響を与えたと言われたのが、「お客さまの声」でした。

その会社には、「お陰さまで喉のイガイガが取れました」「風邪をひかなくなりました」

「アトピーが少し良くなったような気がします」等々、お客さんから寄せられた感謝のアンケートはがきが、なんと5万通もあったのです。

それを見た裁判所は、「この会社は世の中に必要なのでぜひ残しておきたい」と更正法の適用を認めたのでした。

Q22 ダイレクトメールを送ろうと思うのですが、どうやってターゲットを絞れば良いのでしょうか?

●――ダイレクトメールは郵送コストが高い

はがき、変形ハガキ、ビニール封筒、普通の茶封筒――。

ダイレクトメール（DM）にはいろいろな種類があります。どれを使おうと、当然、郵送コストがかかります。最低でもハガキ1枚50円です。

一般的な茶封筒のDMでは、切手代、封筒代、印刷費、封入費などで1通200円くらいかかるのが普通です。

俗にDMは「1000に3つ」と言われます。

しかし無作為に集めた電話帳リストなどに1000通出して3件も反応があったら、それはもう極めて成績優秀だと思います。1000分の1でも十分御の字で、実際には「3000通出さないと効果はない」というのが通り相場です。

下手をすれば、5000分の1とか1万分の1とかが当たり前の世界なのです。

仮に1通200円で1000通送れば、20万円です。5000通送れば、100万円です。

これで反応が1件では、よほど利益の出る商材を扱わない限り、到底黒字にはなりません。

では、採算の取れるDMにするにはどうすれば良いのでしょうか。

●DMは潜在的な見込み客を掘り起こすのに使う

結論から言います。

DMは、まだ見ぬ人に無作為に送ったのでは必ず赤字になります。ですから、採算の取れるDMにするには、あらあかじめ絞り込まれたリストに送るのです。

具体的には、

①一度資料請求してくれた人

②一度冷やかしの見積もり請求をしてくれた人
③一度現場見学会に来てくれた人
そういう人に送るのです。

それはつまり、過去に「私、ちょっとだけ興味ありますよ」とサインをくれた人たちです。まだ見ぬ人に無作為に送るより、彼らに送る方がはるかにヒット率が高くなります。

もちろん、時宜にかなった顧客リストが利用できる場合なら、高い反応率が期待できます。たとえば学習塾であれば、卒業名簿などを入手し（個人情報保護法の施行で利用しにくくなりましたが）中学や高校の新入生宛てにDMを送れば、かなりの反応があるはずです。

仮に無作為と同程度の1000通に1件としても、塾は利益率が高く、一度入塾すれば、3年間通い続ける可能性があるので、元は十分取れます。

あるいは高額商品を扱っている業者にバックマージンを払ってDMを同封してもらうという手もあります。たとえば呉服屋さんであれば、宝石屋さんの顧客リストに相乗りでDMを同封させてもらうのです。こうすれば、絞り込まれたお金持ちのお客さんにDMを送ることができます。

いずれにしろ、お客さんの絞り込みがきっちりできているかどうかでDMの成否は大きく違ってきます。あらかじめ絞り込まれたリストがあるかどうかで成否の50％は決まります。

極論すれば、リストさえ良ければ、セールスレターの書き方が多少下手でも注文はバンバン入るのです。

［ポイント］
⑫ＤＭはまだ見ぬ人に無作為に送っても赤字になるだけだ。
⑬採算の取れるＤＭにするにはあらかじめ絞り込まれたリストに送る。
⑭ＤＭ成否の50％はリストが握っている。

■事例12／「新旧の住宅地図を使ってお客さんを絞り込んだ」
——築20年以上のリストを独自につくったリフォーム会社

ある住宅リフォーム会社さんは、独自の方法でＤＭの送付先を絞り込みました。方法はこうです。現在の住宅地図と20年前のそれを共に入手し、名前が同じ家だけを「築20年以上」と判断してピックアップし、リスト化していったのです。

こうして「築20年以上リスト」をつくり、そこに載っている家だけに増改築のＤＭを郵送しました。

もちろん、すべてが優良見込み客ではありません。しかし、すべての住所へ、高いコストをかけてＤＭを送るよりも、ずっと高確率になるのは誰でも想像できると思います。

こんなことをやっている業者は当時も現在もいないのではないかと思います。

せいぜい一戸建てだけをリストアップするのが関の山でしょう。しかしこれでは家を建てたばかりの人のところへも「リフォームしませんか」のＤＭが届いてしまいます。

もし新築のリストに送るのであれば、ガーデニング関連のＤＭになるのでしょうが、「おいおい、うちは去年建てたばかりだよ。この会社、何考えてんだ?」というＤＭは、意外にも多いのです。

4章

このオファーテクニックを使えば笑いが止まらないほど見込み客が激増する

さて、見込み客を集めるためのノウハウについては、この章で最後です。

前章に続いて、ケーキ作りに例えてみましょう。

1章と2章でケーキ作りについてお話してきました。どんなケーキにするのか？　デコレーションはどうするのか？

ここまででも、十分に売れるケーキは作れます。見るからにおいしそうで、見るからに独自性を持っているケーキなのです。これで、売れないはずがありません。

しかし、やはりお客さんの心の中には不安が残ってしまうのです。

「評判は良さそうだけど、本当においしいのかしら……？」

お客さんは貴重なお金を払って、あなたから高いケーキを買うかどうか迷っているのです。

迷うのは当然です。お客さんにとってみれば、どれぐらいおいしいかは、食べてみないとわかりません。でも、食べてみるには買わないといけません。

そうした板挟み状態にいるのがお客さんなのです。

でも、話は簡単です。試食をしてもらえばいいのです。

無料でおいしいケーキの試食をしてもらう。それで気に入ったら、ケーキを買ってもらえればいいのです。

この「試食」という制度が極めて重要。無料の試食ができれば、お客さんにとってケーキを買うか買わないかの重要な判断基準になるからです。だからこそ、試食で評判が良ければ売れるのです。

さて、あなたの会社にとっての「試食」は何でしょうか? 一緒に考えましょう。

Q23 無料の小冊子やガイドブックをプレゼントしようと思います。どんな点に注意すれば良いでしょうか?

●成功するための2つのポイント

お客さんが商品・サービスの購入を迷うとき、心のなかでは何が起きているのでしょうか? それは、「yes, but」(=「けっこういいかも。でもなあ……」)の心理的葛藤です。

この化粧品良さそうだなぁ、でも、私の肌に合うかなぁ。この住宅良いなぁ、でももう少し内装がなぁ。もうそろそろ保険に入らないといけないかなぁ、でも、よくわからないしなぁ……。「Ｙｅｓ，Ｂｕｔ」のシーソーはいつまで経っても落ち着かないのです。

この「ｙｅｓ，ｂｕｔ」のシーソー・バランスを「ｙｅｓ」の方に振り向けるのがオファーの狙いです。

オファーには、無料サンプル、代金の返済、無料デモンストレーションなど実にさまざまの方法があります。その数はゆうに１００種類を超えます。

なかでも多くの会社で使われているオファーの一つが、無料の小冊子やガイドブックのプレゼントです。これは、いわゆる「無料ハウツーを提供するオファー」です。同種のものにＡ４用紙数枚程度にまとめた無料の「成功事例レポート」などがあります。

購入頻度が低くて、専門性が高く、金額的にも高価な商品・サービスでは、購入する側の心理的なリスクもかなり高いのが普通です。この場合の「Ｙｅｓ，Ｂｕｔ」心理というのは特徴的で、「欲しいなぁ、でも高い買い物だし、いろいろ調べて……」というのが多いようなのです。

結局、知識のないお客さんは何を根拠に買えばいいかがわからず、「失敗したらどうしよう」と不安な気持ちを抱えたままなのです。

そこで、「あなたの悩みを解消する判断基準として、こんなインフォメーションがあります。よろしかったらどうぞ」と専門家の知識やノウハウをまとめた小冊子やガイドブックなどを無料でプレゼントするわけです。

いきなり「これ、この商品、買って下さい」と言われたら、誰だって、「何なの、あんた!?」と拒絶したくなります。でも、『結婚式の披露宴を素敵にする3つの㊙アイデア』とか『住宅ローンを賢く借りる○○県の㊙情報』といった役に立ちそうな情報がタダでもらえるとしたら、そりゃあ、お客さんは歓迎します。

そうやってまずは十分な判断基準を提供し、「へえ、リフォームってそうなんだ」とお客さんの心理的なリスクのハードルを下げてもらうのです。良きアドバイザーになれるわけです。商品やサービスを売るのではなく、アドバイザーになるのが先なのです。売るのはそのあとでいいわけです。

無料の小冊子やガイドブックで成功するには、

① 希少性を訴える
② わかりやすく書く
③ 人柄をアピールする

の3つの点がポイントになります。

1番目の《希少性》については、「本屋では手に入らない」ことを知ってもらうと共に、期間限定、個数限定などを組合せて、たとえばエステなどでは、「今月限り、『自宅で5分！緑茶で美肌になる秘訣』限定30冊、無料進呈！」などと訴えるようにします。

2番目は、わかりやすく書くということ。

結局、こうしたガイドブックというのは、ハイリスクで、専門性の高い商材やサービスについて書かれることが多いと思います。だからこそ、専門用語でまくし立てるのではなく、まったくの素人さんが読んでもわかりやすく書くというのが大切なのです。

3番目の《人柄をアピールする》については、とても重要なので、じっくりお話したいと思います。

●人柄で相手の心をギュッとつかまえる

先ほど無料の小冊子やガイドブックは知識のないお客さんにとって、とても嬉しいものだという話をしました。これはまったくその通りで、専門家の知識やノウハウはとても参考になります。

しかし、お客さんが小冊子やガイドブックに求めているのは、知識やノウハウだけではありません。実は、それらの無料の有益情報をもらっても、お客さんは不安なのです。

「こんな有益な情報を何でタダでくれるんだろう？　確かにこのガイドブックを発行している会社は良さそうだけれど、どんな会社なんだろう？　担当の営業マンが感じの悪い人だったらどうしよう？」

どこかでそんな不安を拭いきれずにいるのです。

だからこそ、インフォメーションのクオリティも大切なのですが、人柄や信頼も同じぐらいに大切なのです。

つまり、知識やノウハウに加えて、「ああ、この会社は信頼できそうだ。この人なら信用しても平気だろう」、そう思ってもらわないとアドバイザーにはなれないのです。

初めて送る小冊子やガイドブックは、お客さんとのお見合いみたいなものです。ヘマをしたらそれっきりで二度目はありません。その意味では一度だけ許された擬似的な接触機会なのです。

このたった一度のチャンスを活かして相手の心をギュッとつかまえようと思ったら、お客さんの信頼を得るしかありません。知識やノウハウを語りながら、あなたやあなたの会社がいかに信頼に足る存在であるかをきっちりアピールする必要があるのです。

では、信頼を得るにはどうすればいいか。

これはもう、じっくりと人柄を伝えるしかありません。それには「なぜ私がこの会社を始めたのか」「なぜこの冊子（ガイドブック）を書いたのか」をきちんと伝えることが良いのです。そのために一章分を割いてもかまいません。

いや、むしろそれくらいしっかり説明すべきです。前にも書いたように、人は120％説明しても、伝えられるのは思いのたけの10％以下です。到底語りきれるものではありません。それほど言いたいことを人に伝えるのは難しい。

だから、著者である、あなたの人柄についても、120％書き尽くして下さい。

そうやって人柄をアピールし、信頼を得ることに努めて下さい。

信頼を得られない小冊子やガイドブックなら作らない方がマシです。

●詐欺師のテクニックに学ぶ

では、次には信頼って、具体的に何を書けばいいのか？　という疑問にお答えすることにしましょう。信頼というのは、通常、接触頻度に比例するのです。

信頼には公式があります。《信頼＝人柄の理解度（％）×接触頻度（回数）》です。

接触頻度が増えると信頼が増すのは、それだけその人のことがわかるようになるからです。

社内結婚が多いのはまさにこの法則のなせるわざで、接触頻度が多いからにほかなりません。

しかし接触頻度が少なくても、信頼が得られるケースもあります。

たとえば、キャンプで一晩人生を語り合うと接触頻度一回で信頼関係が構築されるのです。

修学旅行で一晩人生について語り合うとたちまち親友になりますよね。エレベーターが故障して一晩死の恐怖を共有すると、一気に親密度が高まり、半年後には結婚したり……。

それは、短いけれど濃密な時間を共に過ごすことで、人柄への深い理解があるからなのです。そこにおいては、もはや接触頻度など関係ないわけです。

接触頻度を超越したところで人柄をアピールし、絶大な信頼関係が構築されてしまう――。

実は、それを生業としているプロ中のプロがいます。

そう、詐欺師です。人を騙《だま》すのが仕事の詐欺師は、お世辞にもいい人間とは言えないかもしれません。詐欺は犯罪であり、許されることではありません。

そんな人間に、なぜ多額のお金を騙し取られてしまうのでしょうか?

それは、詐欺師が狙った相手に、「この人はウソのつけるような人間じゃない」と信じ込ませるのがめちゃめちゃうまいからです。

たとえば、「10万円貸して下さい」と人に頼む場合を考えてみましょう。

初対面の人に頼んでも誰も貸してくれません。当たり前です。「こいつはアホか?」と思われるだけです。では3回ほど会ったことのある人はどうでしょう。普通は貸しません。誰かの紹介とか、よほど信頼できる人が保証人になってくれるとか、何かないとまず無理です。どんな人物なのか、その程度会っただけでは到底わかるはずがないからです。

それはつまり、《信頼0＝人柄の理解度（0％）×接触頻度（3回）》ということです。

しかし、詐欺師の手にかかるとたったの3回程度でも貸してしまう人が出てくるのです。それは事前に周到な準備をして、「この人は信頼できる良い人だ」と巧みに植えつけるからです。

そのために彼らは、人柄のわかる、責任感、友情、家族への愛情、趣味、お金の使い方、義理堅さ……等々について、「この人ってすごくいい人かも！」とずんずん信じてしまうような「感動秘話」の類をさりげなく語って聞かせるのです。

たとえば――。

「親友の会社の経営状態が良くなくてね。資金繰りに苦しんでる彼を見てられなくて、無利子で500万円貸したんですよ。あるとき払いでいいからって。ほんと、お人好しでしょう（笑う）」

「弟夫婦に3歳の娘がいるんです。○○ちゃんていって可愛いんですよ。でもこの子は先天的に心臓が悪くてね。この秋にも米国へ渡って移植手術を予定してるんです。ものすごくお金がかかるから、自分も500万円カンパしたんですよ。だって○○ちゃんに元気になってほしいもの」

ここでは、話をわかりやすくするために、嘘っぽい会話になっていますが、実際にはもっと巧妙な作り話を一回会うごとに2つ、3つ話して聞かせます。そうやって自分がいかに信頼に値する人間であるかをさりげなく刷り込んでいくのです。これが彼らの常套手段《じょうとう》です。

すると、たった3回ほど会っただけなのに、《信頼＝人柄の理解度（60％）×接触頻度（3回）》と人柄の理解が深まり、「この人ならちゃんと返してくれるだろう」とすっかり信用してしまい、「はい、10万円」と貸してしまうのです。

悪のワザを正しく使う

誤解されると困るので言っておきますが、私は詐欺師を褒めているわけではありません。詐欺は犯罪です。詐欺は、絶対に許すべきではない。当たり前のことです。

ただ、彼らが人を欺く《あざむ》方法論は、ビジネスで正しく使う限りにおいては、十分に有益だし、参考になってしまうのです。それは、両方とも人間同士のやり取りだからです。

彼らは、人柄をアピールするために責任感、友情、家族への愛情、趣味、お金の使い方、義理堅さ……等々についての感動秘話を語って聞かせます。彼らはこれで相手を篭絡《ろうらく》するわけですから、人柄を訴えるには極めて有効だということがわかります。

そうした物語を小冊子やガイドブックに１２０％盛り込むことをお勧めします。

そして、たった一度のチャンスを活かして、お客さんとの良好な人間関係を構築してあげて欲しいのです。

それができれば、お客さんは本当にあなたを信頼してくれます。結果として、あなたはその信頼に応えられるように、最善のベストを尽くそうと思えるようになるのです。

ただ、注意してほしいことがあります。小冊子やガイドブックで上手に人柄をアピールし、信頼関係が構築されると、今度はお客さんが、あなたにものすごい信頼を寄せるようになります。ところが、もしあなたがお客さんの期待を裏切るような商品・サービスを売ってしまうと、「なんだ、この程度かよ！」と逆に反発を買い、悪評を撒《ま》き散らす結果になりかねません。

信頼には責任がついて回るのです。

つまり、自社商品の品質に裏打ちされた自信であり、アピールでないと、かえって逆効果になる恐れがあるわけです。その点、くれぐれもお忘れなく。

【ポイント】
㊺無料の小冊子やガイドブックは希少性をアピールする。
㊻お客さんの信頼を得るには人柄を訴える。
㊼詐欺師のテクニックを正しく使う。

■事例13／「なぜあの人はあんなにバイクが速いのか」
――無料ガイドブックで成果を上げている自転車屋さん

大阪に無料ガイドブックを使って成果を上げているトライアスロン専門の自転車屋さんがあります。ガイドブックのタイトルは、『なぜあの人はあんなにバイクが速いのか』。

社長は、トライアスロンを本当によく勉強しています。ご自分が競技を主宰《しゅさい》する側にまわって、一生懸命に業界を盛り上げていく。そんな熱意まで持っている。

そして数多くのアスリート（選手）達が、悩んでいることを知っていました。だからこそ、いろいろと試行錯誤を繰り返しながら、ガイドブックを完成させたのです。そのガイドブックの中で、この社長さんは、こう書きます。

「トライアスロンを始めた時期も同じ、練習時間も同じ、体格や体力もそんなに変わらないのに、なぜあの人はあんなにバイクが速いのだろう」と。

で、その答えは何かというと、自転車の差も大きいのだと。それも高ければいいってもんじゃない。良いトライアスロン・バイクを見分けるポイントはちゃんとあって、それさえ知っていれば、速く走れるんですと、自論を語るのです。

アスリートにしても、いきなり自転車を買ってちょうだいと言われたら、誰だってパスですが、速く走る秘訣がタダでわかるなら、「あ、それほしいです！　ください！」と思う人はたくさんいるはずです。何よりこのガイドブックを読むと、トライアスロンの普及に情熱を燃やす社長さんの人柄がびんびん伝わってきます。

「ああ、この人、ほんとにトライアスロンが好きなんだなあ」って無条件にわかっちゃうんです。実際に会っても、本当に良い人ですが、それが文章から伝わるのです。

人柄に惚れちゃう人もいるかもしれない。そうなったら放っておいてもお客さんは、お店のドアを開けてくれます。そして、こう言うはずです。

「自転車売って下さい。うんと速く走るやつ！」

Q24 無料サンプルは、どう使うのがいちばん効果的ですか？

●期間限定を組み合わせると効果が増す

無料サンプルの提供は、化粧品や健康食品などでよく使われているオファーテクニックです。有料のニュースレターやカセットテープなどの定期購読であれば、そのうちの一冊あるいは一本をサンプルとして提供するのも有効です。

無料サンプルの提供は、期間限定を組み合わせることでより大きな効果が期待できます。

たとえば、「3日間限定、いまこの化粧品をお買い上げいただくと、無料サンプルが10個ついてきます」、そんな提案の仕方をするのも良いでしょう。

通常、バイヤー、ディーラーは、サンプル品については特値で入手できます。いくつ入手しても極めてロー・コストですみます。本品は掛け率が決まっていますが、サンプル品はべらぼうに安く手に入ります。

そこで、「この時期は絶対に売りたい」というときに、サンプル品をいっぱいつけて、お客さんのお得感に訴えるわけです。この手法を使えば、通常よりはるかに多くの注文が取れるはずです。

次に来るのは「本品+無料サンプルプレゼント」

ただし、無料お試しサンプルというパターンには、そろそろお客さんも飽きてきています。嫌気がさしていると言った方がいいかもしれません。

「本品の値段を隠した状態で無料サンプルをもらうのは不安だ」

「サンプルをもらうのはいいけれど、本品の売り込みが激しいのではないか。電話がじゃんじゃんかかってくるのではないか」

そういう声が広がりつつあります。

では、どうすればいいか。

私はズバリ、返品返金保証つきの「本品+無料サンプルプレゼント」を提案します。

「まずは1万円で本品をお買い上げ下さい。その際サンプル品をおつけいたします。もしサンプル品をお使いいただいてお体に合わないとか、何かお気に召さないことがございましたら、本品を開封せずにそのままお返し下さい。代金を全額お返しいたします」

これなら、お客さんはまったくリスクを背負う必要がありません。無料サンプルの次は、この返品返金保証つきの「本品+無料サンプル」がトレンドの主流になると見ています。

たとえば、漬物。買って帰って、夜にお酒でも飲みながら、サンプルをぽりぽり食べてみる。「お、いけるねえ」となれば、そのまま本品も食べればいいし、「うーん、ちょっと辛すぎるなあ」とか「味がいま一つだなあ」とか何かしら気に食わないことがあれば、本品を開封せずに、そのまま送り返せば、購入時に払った代金はそっくり返してもらえる――。

漬物のような保存食なら、こういうオファーテクニックが可能です。これならサンプル貧乏にならずにすみます。インターネット通販でも、この手のビジネスモデルがぼちぼち出てくるのではないかと思います。

一般に「気に入らなければ代金全額お返しします」とやっても、実際に返品してくる人はそうはいません。通常は4％未満です。

返品が4％を超える場合は、広告・マーケティングの設計そのものに何かしら重大な問題があると考えるべきです。

具体的には、

①商品の品質に問題がある。
②広告の段階で客に対して過度の期待を与えすぎている（商品を実際に手に取ったときとの落差が激しすぎる）。
③売る対象客を間違えている。

などの理由が考えられます。

これらの問題がない限りは、通常、返品率は4%未満にきちんと収まります。

返品返金保証をやると、通常、売上は20~25%伸びます。つまり、4%程度の返品返金を差し引いても16~21%の売上増になるわけです。

●無料サンプルより有料サンプルの方が良い場合もある

先ほど無料お試しサンプルは飽きられてきていると書きました。これはまったくの事実で、かつてのような効果が得られないケースが増えています。

たとえば、インターネット通販の会社では、こんなことがありました。

無料サンプルをホームページ上でプレゼントしていたときには、10000件のホームページへのアクセスがありました。その中でサンプル請求者は300人。3%でした。

さらにその300人から、実際の商品を購入されたのは3人。1%です。

でも、無料サンプルとはいえ、実際にはお金がかかっています。サンプル品実費、梱包費、送料など。サンプルをそれだけプレゼントしていると、資金繰りが苦しくなってくるのです。

そこで、サンプルを有料に変更することにしました。

結果、有料サンプルのホームページでも、10000件のアクセスがありました。ところが、有料サンプルの資料請求は30件でした。そしてやっぱり結果として売れたのは3人。ただ、よく考えてみて欲しいのです。無料サンプルだと300人のサンプル請求者から3人の購入者が出ました。有料サンプルでは、30人にサンプルが売れて、しかも結果は同じく3人の注文だったのです。

結局、サンプルをプレゼントする際のコストを考えると、有料サンプルのままにしたほうが良い。そんな結果が出てしまったのです。インターネット上では、特に匿名性が高いためか、サンプル請求の数が非常に増える傾向があります。だからこそ有料サンプルが良かったのかも知れません。

しかし、コンサルタントの世界でもこんな話があったのです。

あるコンサルタントが、『『業績を伸ばすためのガイドブック』を無料進呈。部数に限りがありますので、いますぐ資料請求を』とファクスDMを流しました。反応率は100分の1。100通送って1通の資料請求でした。

ガイドブックは非売品としていたのですが、まったく同じものをタイトルを変えて有料にし、『『業績アップ・入門マニュアル』1500円、いますぐご購入を』とやったら、なんと反応率が3倍くらいに急増したのです。

なぜ無料ではなく有料なのでしょうか?

それは思うに、怪しい無料サンプル――たとえば、本品の売り込みが異常に激しいとか、本品を買ったら目の玉が飛び出るほどの値段だったとか――が増えて、元来、日本人が持っている「タダほど恐いものはない」という心性が、大いに刺激されているのではないでしょうか。

あるいは、若い世代で、タダでもらうより必要なものはお金を払って手に入れる方がいい、という人が増えていることも背景にあるかもしれません。

その意味でも無料サンプルを使うなら、前述のように「本品＋無料サンプル」とした方がいいし、反応が良くないなら、有料サンプルに切り替えるのも一つの方法だと思います。

【ポイント】
⑥⑧無料サンプルは期間限定と組み合わせる。
⑥⑨「本品＋無料サンプル」ならお客さんの不安を払拭できる。
⑦⓪反応が悪ければ、無料サンプルを有料サンプルに切り替えるのも手だ。

■事例14／「1000円で10人、2万5000円で120人」
――セミナー参加料が高いほど人が集まった筆者のケース

コンサルタントの駆け出しの頃、「1000円セミナー」というのをやったことがあります。低料金ならたくさん人が集まるのではないかと思ったのですが、これがとんだ見込み違いで、結局来てくれたのはたったの10人ほどでした。寂しかったです。涙が出そうになりました。

いまから思えば、「1000円でいったい何が聞けるんだ?」とみなさん思ったんですね。

これに懲《こ》りた私は、次のセミナー参加料を1万5000円にしました。すると100人集まりました。気をよくした私は、参加料2万5000円のセミナーの案内を800人ほどにファックスで流しました。今度は120人集まりました。

もうイケイケドンドンです。その120人に、「セミナーの内容をさらに高めて6ヵ月間集中的にコンサルティングするプログラムを準備しています。限定10社のみ！　セミナーのように一方通行ではなく、一件一件オーダーメイドで戦略を構築し、問題を解決するプログラムです。参加費60万円。今すぐ参加申込を！」とまたファックスで流しました。

私はかなりの参加数を期待していたのですが、注文はたったの1件でした。大ショックでした。

そこで今度は、2万5000円のセミナーに参加しなかった680人にファックスを流してみたのです。「セミナーにはご参加いただけませんでしたが、セミナーに参加するよりもっと手っ取り早く問題を解決できるプログラムを用意させていただきました。いかがですか」と。

すると驚いたことに、なんと11件も申し込みがあったのです。

そのとき初めて私は気づいたんです。2万円前後の費用負担でたまにセミナーに参加し、ゆっくりぼちぼちやっていきたい人もいれば、一度に60万円をどんと払ってもいいから、手っ取り早く問題を解決したい人もいるんだと。

だから、おそらく後者のタイプに無料サンプルをオファーしても何の反応もないのです。

過去の相談事例を見ると、無料サンプルでうまくいかないケースでは有料サンプルに切り替えると、「ビンゴ!」というケースが非常に多いのもうなづけます。

一度試してみることをお勧めします。

Q25 劇的な期待を保証する、返品返金保証をやろうと思うのですが、どうでしょうか?

●劇的な期待を保証されても普通の人は真に受けない

お客さんが気に入らなかった場合に、返品を認めるだけでなく、代金もすべて返金するのが「返品返金保証」です。返品期間をより長くすることで効果も高まります。

返品返金保証を行なう場合、返品率は通常4%未満、売上は20~25%伸びます。差し引いた分だけ売上増が期待できるわけです。

このオファーは、「そこまで保証するからには、よほど商品に自信があるんだろう」とお客さんに思わせるのがミソです。その期待を極端に高めて、

「この商品をお使いいただければ、〝すごくいいわよ〟、と3人以上の方に勧めたくなります。もしそうならなかったら、どうぞご返品下さい。それぐらい自信があるのです。もちろん代金全額返金は本当です」

などとうたいあげるケースもあります。いわゆる「劇的な期待を保証する返品返金保証」

です。ここまでやると、「期待が大きすぎて、かえって評判を落とすなど反動が大きいのでは？」と思いがちですが、実はそうでもないんです。

というのも、この場合に限っては、劇的な期待を保証されたところで、人はそれを額面通りに受け取ったりはしないからです。

もちろんなかには真に受ける人もいますが、そんな人は4％未満です。

普通の人の反応は、「そんなにすごいってことはないだろう。でも、もしそうだったらすごいよな。買ってみようか」、その程度のものです。

ただし、商品の品質にひどく問題がある場合は――つまり、「それほどすごいと思ってたわけじゃないけど、いくら何でもこれはひどすぎない!?」という場合は、「過度の期待を実態もないのにあおり立てた」と批難され、場合によってはひどい悪評につながる恐れがあります。

最近は返品返金システムをうたいながら、実際には返品返金に応じない悪徳業者が問題になったりしています。あまりにも過度の期待をうたうと、「なんか調子良すぎるんじゃないの、これ？」と怪しい系を疑われる心配もあります。

いずれにしろクオリティに自信がない場合は、やめた方がいいでしょう。

●返品返金のきかない商売はどうすればいいか

では、返品返金のきかないビジネスの場合は、どんなオファーを展開すれば良いのでしょうか？

たとえば、人生最大の買い物である住宅を考えてみましょう。ハウスメーカーさんや工務店さんが、もし、「一軒建てさせて下さい。気に入らなかったら全額お返しいたします――」

そんなことをやったら、たちまち会社は潰れてしまいます。

であれば、漬物や青汁や化粧品などと同じように、住宅を安心して買ってもらうにはどうすれば良いのでしょうか。

その場合は、返品返金に相当するオファーを考えれば良いのです。

たとえば、私ならこう提案します。

「まずは見積もりを安心してご依頼下さい。その後で建てて下さいとか、その後いかがですかとか、しつこい営業活動は一切やらないことをお約束します。もし万が一そのようなことがあれば、ただちに見積書をご返送下さい。その後一切ご連絡しないことをお約束致します」

これは返品返金システムに準じたビジネスモデルと言えます。

あるいは、こんなＤＭを出して、数多くの仕事を受注しているリフォーム屋さんもいます。

「このお手紙を読んで、もしご興味があれば、私どもをご自宅まで呼んで下さい。ただし私どもは見積書を出しません。お客様から見積書を出して下さい、と言われるまで見積書を出しません。出さないということは売れないということです。ですから、安心してご相談だけご依頼下さい」

これは、「見積もりまで頼んだら、もう断れないのではないか？」という不安をきれいに払拭してやることで、「それならとりあえず相談だけしてみようか」と、その気にさせるわけです。

これは、顧客の〈Ｙｅｓ，Ｂｕｔ心理〉を本当に理解してあげているからこそできるオファーなのです。

返品返金システムと似たようなコンセプトと言えるでしょう。

【ポイント】
㉛劇的な期待を保証されても真に受ける人は少ない。
㉜商品クオリティに問題がある場合は悪評につながる恐れがある。
㉝住宅などは返品返金システムに準じたビジネスモデルを考える。

Q26 お客さんの値引き要求に困っています

●――よその店より高いのに喜んで買ってくれるワケ

よく使われるオファーテクニックの一つに「フリー・ギフト・フォー・バイイング」というのがあります。これは簡単に言えば、「キャンペーン中につき、いまご購入いただきますと、もれなく○○を無料でおつけします」というものです。

典型的なのは、飲料メーカーや食品メーカーなどが、期間限定でプレミアムグッズなどをボトルやパッケージにつけて販売するケースです。いまや認知度１００％に近い、有名ブランドがあれをやっても意味がないと思うのです。

でも、あれはちょっとひねるだけでとびきりスペシャルなオファーに応用が可能です。

たとえば、スーパーマーケットの卵（6個入りパック）の値段が、

スーパーA：１６９円
スーパーB：１６４円

とすれば、誰だってスーパーBで買うはずです。何しろ5円も安いんですから。

でも、スーパーAのパックに「卵で痩せるダイエット・レシピ」という10㎝四方のメモが四つ折にして入っていたらどうでしょう?

しかも、そのメモの末尾に書かれたアドレスに携帯で空メールを送ると、次回の来店時にもれなく「ゆで卵もばっちりのキッチンタイマー」がもらえるとしたら?

たぶん昨日までスーパーBの常連さんだった人も、「あら、いいわね」とスパーAに足を運ぶと思うんです。少なくとも私は行っちゃいます。だって、断然お得な感じがしますもん。

スーパーAは、そうやってゲットしたメールアドレスに、「○月○日のタイムバーゲンの超目玉は、ノルウェーサーモンのお刺身30%off!」とか、「○月○日の早朝サービスタイムに限り、レジでいまお読みの携帯メール本文を見せてくれたお客さんには、豚肉全品10%off!」とか、バンバン流せばいいわけです。

これができたら、バカ高い新聞の折り込みチラシなんて、もうやる必要がないくらいです。逆にスーパーBは、いくら高い金をかけて折り込みチラシを配ったところで、スーパーAには太刀打ちできなくなるはずです。

「フリー・ギフト・フォー・バイイング」は、このように使い方次第で、ものすごくパワーのあるオファーになるのです。

●値引きなしを条件にお米を2年分プレゼントする

実は、この方法を応用すると、お客さんの値引き要求を軽くいなして、なおかつどんどん売り込むことができる、まるでウソのようなオファーが可能になるのです。

たとえば、住宅業界は、値引きが当たり前の世界です。しかもその額は、ケタ違いに大きい。30万円、40万円なんて当たり前。70万円、100万円を「このくらい何とかしてよ」とまるでキャベツ一個、ダイコン一本、値切るように要求される業界です。

「わかりました」と言って端数の999円を切るのとはワケが違うのです。

この過酷な値引き要求をどういなすか。

そこで使えるのが、このフリー・ギフト・フォー・バイイングなのです。

具体的には、値引きなしを条件に、「その代わり、いまご成約いただければ、お米を2年分、730日分をプレゼントします」、とやるのです。

4人家族にお米を2年分プレゼントしてもせいぜい15万円くらいです。

※お米二年分の計算　（1人60kg×家族4人）×2年分＝480kg

10kg3000円のお米とすれば、（480kg÷10kg）×3000円＝14万4400円

値引き要求に応えるよりずっと安くすみます。

それでもお米2年分と言われたら、10人のうち何人かは、値引きなしの条件を飲みます。なぜか？　30万円の値引きより、お米2年分の方がずっとお得な感じがするからです。お得感のリアリティが、紙の上の数字より、ほかほかのご飯の方がはるかにあるのです。

そのリアリティを演出するために、場合によっては、見積書を持っていく時に、お米を軽トラックにどかんと積んでお客さんのところまで持っていきます。そして言うのです。

「いやあ、お米2年分ってものすごい量ですねえ。これだけあったら、家族みんなで米のご飯を死ぬほど食べられますよ」と。

お客さんは、軽トラのお米を見て目を回します。

「うわあ、いっぺんにこんなに持ってこられても困りますわあ」

「そうですかあ。でしたら、2ヶ月にいっぺんくらいお届けするようにしましょうか？」

「ああ、その方がいいですわあ」

それならということで――もちろん、そうなることはハナから織り込みですが――お客さんのところへ米屋さんから定期的にお米を届けるようにするわけです。

万が一、お米2年分で乗ってこないお客さんには、「よーし、持ってけ泥棒！　こうなったら冷蔵庫も1台つけちゃおう！」と提案します。

それでも30万円はいきません。過酷な値引き要求に答えるよりずっと痛みが少ないはずです。

工務店は、現場見学会に足を運んでもらうことで見込み客をゲットしています。しかし、1年中切れ間なく現場見学会ができるわけではありません。必ず空白の期間ができます。そんなとき何の手当てもしないで手をこまねいていたら確実に業績に響いてしまいます。下手をすれば、いま、どうしても1棟受注しないとお金が回っていかない――。そんな金繰りに困る時期もあるわけです。

そいうときには、過去の宙ぶらりん客を掘り起こせばいいのです。

例えば見積もりだけはしたけれど、その後、検討したまま何の連絡もないお客さんです。そうした方々に、「以前に弊社からお見積もりをお出ししました……。このたび、大きなキャンペーンを実施いたしますので、再度、近況でもお聞かせくだされば幸いです。いまならお米2年分プレゼント」という提案で、休眠客を掘り起こすことができるのです。

それこそ100万円の値引きを飲まされるくらいなら、「いまならご家族みんなでハワイ3泊4日プレゼント！」とやった方がはるかに安く上がります。3000万円クラスの家なら100万円程度の値引きはけっして珍しいことではないはずです。

この手法は、「当たり前の値引きでは他社との比較優位がとれない」「客の購買動機を刺激したい」、そんなときに使うと大きな効果が期待できます。

【ポイント】
⑭仕掛け一つで他店より高くてもお客さんはやってくる。
⑮過酷な値引き要求はお得感の実感できる現物プレゼントでいなす。

Q27 不採算部門があります。切り捨てるのは簡単ですが、何とかお客さんの掘り起こしに使えないものでしょうか?

●――モデルハウスに雑貨ショップを併設した

こんなケースがあります。

ハウスメーカーや工務店は、モデルハウスをモデルハウス以外の用途で建てることはありません。100%モデルハウスとしてのみ使うために建てます。

ところが、北海道のある工務店さんは、モデルハウスのリビングの一角に雑貨ショップを併設してしまいました。

はきだし窓からカーポートまでを雑貨屋さんとして使っているのです。

これは、住宅業界の常識からすれば、「あり得ない！」という話です。何しろモデルハウスのなかに雑貨ショップを入れてしまったのです。

一つのモデルハウスに、モデルハウスと雑貨屋さんの二つの役割を持たせたわけです。

なぜこんなことをしたのでしょうか？

それはお客さんに、「モデルハウスに来たんじゃない、雑貨屋さんに来たんだ」という言い訳を用意してあげるためです。

通常のモデルハウスは１００％モデルハウスの用途ですから、そこへ足を運ぶお客さんというのは、まさに「ネギと鍋を背負った鴨」。自ら、「私は家を買いたい客です」と証明しに行く行為なわけです。

「私は客です」と自ら名乗り出れば、当然、その後でしつこい営業があるかもしれません。お客さんの立場からすれば、モデルハウスに行くということは、そうした売り込みの煩《わずら》わしさを覚悟しなければならない、非常にリスキーな行為なのです。

それを雑貨屋さんを併設することで、

「私は別にモデルハウスを見に来たわけじゃない。雑貨を見に来たんだ」

と言い訳を用意してあげることができます。

これなら家族揃って出かけることに躊躇はないだろうし、仮に「家をご検討ですか?」と聞かれたとしても、「いいえ、雑貨を見に来ただけですから」と逃げることができます。

雑貨屋さんを併設することで、お客さんのリスクを一気にドーンと減じる仕掛けを用意したわけです。

効果はてき面でした。通常、モデルハウスをモデルハウスとしてのみ建てた場合は、1日1件の来場者があればいい方でした。それが雑貨屋さんを併設したとたんに1日に6件のアンケートがいただけたのです。実に6倍です。

2つのビジネスをミックスする

最初はほとんどのお客さんが雑貨を見ています。

しかし、たいていの人は、「せっかく来たんだから」とモデルハウス部分も気になるはずなのです。

「オレは嫁さんのつき合いで来ただけ。嫁さんがいつまでも雑貨屋にいるから、仕方なく家のなかを見てるんだ。よし、何か聞かれたらこれでいこう——」。そんな言い訳を用意していたご主人も、いつの間にか営業マンの話をふんふんと頷《うなず》きながら、しっかり聞いていたりします。

そうなればこっちのものです。「意外と、なんか良さそうな会社だなぁ。名前だけ書いておいても大丈夫そうだ」となるからです。その結果、家を建てたいという見込み客のリストがどんどん膨らんでいき、気がつけば、注文も増えていくのです。

この会社は、もともと雑貨ビジネスを別部門でやっていました。

雑貨というのは、不思議と集客力があるのです。ただ、お客さんはくるのに売上が伸びにくい業態でもあります。集客には困らないし、楽しそうに雑貨を見てはくれるのだけれど、なかなか買っていかない――。この会社でも、少しだけ、そんな状態が続いていました。

一方、モデルハウスはといえば、こちらも客足がさっぱりでした。こんな状態ではもういけない。いっそのこと、モデルハウスをお客さんに売却してしまうか?――。そういう状況でした。

そこで、「何かいい方法はありませんか?」と相談を受けたのです。

私は話を聞いて、すぐに思いました。

「この2つ、くっつけちゃえ!」と。そして、こう提案したのです。

「お客さんのぜんぜん来ないモデルハウスに、売上を上げにくいけど集客力はある雑貨屋さんを入れちゃったらどうですか?」

実は、相談を受ける前から、「モデルハウスをモデルハウスだけで使うのはもったいないなあ」と思っていたのです。そして、「モデルハウスという呼び方をやめて、紙芝居ハウスとかにして営業すると良い。そうすれば、ちょうど家を建てる年代の、子供のいる家族を集客できるなあ」、というアイデアを持っていました。

懐かしいレトロなイベントだから、それ自体が魅力的だし、レトロが復活すれば業界新聞などのマスコミも取り上げてくれる。しかも、これなら、子供たちが紙芝居を見ている間に、親御さんは安心してじっくりモデルハウスのなかを見て歩くことができます。

地元のマスコミだって、この手のレトロな仕掛けなら、放っておくはずがありません。必ず取り上げてくれるでしょう。そうすればタダで宣伝ができます。そんな計算もありました。

つまり、そういうアイデアをすでに持っていたのです。それが紙芝居ではなく、雑貨屋さんになっただけで、「モデルハウスに何かしらの集客装置をくっつけて、見た目の意味を変えてしまう」という基本的な仕掛けの発想はいっしょでした。

私の提案に対して、この会社の社長さんは、

「ああ、それならできますね！」

とすぐに賛同してくれました。おそらく日本で初めての「モデルハウス＋雑貨屋さん」というビジネスモデルは、こうして誕生したのです。

この会社は今後かなり伸びると思います。この手法をやりたい会社向けに雑貨のレンタルビジネスも始めると良いでしょう。雑貨を仕入れるノウハウや、雑貨店の店舗運営のノウハウもありますから、普通の工務店さんには簡単にマネできません。そうすれば、工務店さんは雑貨を仕入れなくてもいいし、レジスターの機械や雑貨を置く什器《じゅうき》なども自前で買わずに、この会社からレンタルしてもらえば良いのです。

いずれにしろ、この会社が始めた「モデルハウス＋雑貨屋さん」という販促手法は、2つのビジネスをミックスすると、とんでもないオファーができるという典型的な事例となりました。

車のディーラーさんも、金魚すくいや塗り絵コンテストなどのイベントをやってはいますが、もう少し頭をひねって考える必要がありそうです。

このケースからわかるように、事業の柱が複数あって、なおかつ不採算部門に頭を悩ませている会社などは、「そのテコ入れ＋見込み客の獲得」という一石二鳥がはかれるかもしれません。

ぜひ参考にしていただければと思います。

【ポイント】
⑯言い訳を用意してお客さんのリスクを軽減する。
⑰2つの事業を融合すると、とんでもないオファーが生まれる。

Q28 起業家向けの無料の適性診断テスト！

どうでしょうか？　このタイトルをご覧になって、「おっ、やってみようかなぁ」と思われませんでしたか？

●人は自分の客観的な評価を知りたがっている

ごめんなさいね。実を言うと、ここでは適性診断テストなどは行ないません。

「無料であなたの能力をテストします」——。これは、自己啓発ビジネスなどでよく用いられるオファーテクニックで、「フリー・タレント・テスト」と言います。

ビジネスへの前向きな姿勢を持った人は、非常に興味を示すオファーなのです。

例えば、人材派遣会社が、インターネット上などで、「あなたの給料を査定します」とやっていますが、あれなどはまさにこのオファーを活用した典型例です。「自分の実力を査定してほしい、プロの目から見てどうなのか、客観的に評価してほしい」、その欲求は誰にでもあります。それに答えることで集客をはかるわけです。

人材派遣会社では、このほか登録を促すために無料の職業適性診断もやっています。同様のオファーは、他社の優秀な人材を引き抜くヘッドハンターも活用しています。学習塾が入塾を促進するためにやる学期末の無料学力テストもこのオファーの活用例の一つです。

さて、この見出しにも書いた〝起業家向けの無料の適性診断テスト〟ですが、診断の根拠になるものがきちんと打ち出せるなら、十分、集客の仕掛けになると思います。たとえば、「毎年起業家を1000人見ている当社が、あなたが起業家に向いているかどうかを無料で診断します」とやれば、「へえ、毎年そんなに起業家を見ているなら、目は確かだろう」と信じてもらえるからです。

ただし、私はやりません。なぜなら、起業家向きの人なんて、この世に存在しないからです。その人のUSP（特性）を活かして、その人なりのビジネスをやるのが、そもそも経営というものだからです。

なお、このオファーは、その気になれば、診断結果をコントロールすることができます。つまり、自社に都合の良い商品・サービスを、「あなたにピッタリの○○は……」と売り込みに活用することだってできるというわけです。眼鏡屋さんの「あなたに最適の眼鏡フレームを診断します」や、結婚相談所の「あなたに最適のパトナーを診断します」が不良在庫を処分するための仕掛けだとしたら、どうでしょう?

確かに売れるはずですが、バレたときの信用失墜は明らかです。お金は失っても稼げばすみますが、信用は失ったらおしまいです。悪いことは考えないに限ります。

【ポイント】
⑱診断の根拠になるものをきちんと打ち出す必要があるが、出せるなら、フリー・タレント・テストは有効。

Q29 下取り制度を利用しようかと思っているのですが、どんなものでしょうか？

●──下取りで買い替えを促し、ライバルに差をつける

下取り制度は、類似する商品・サービスが氾濫《はんらん》している状況で使うと効果を発揮するオファーです。具体的には、「類似の商品で過去にお気に召さなかった化粧水があれば、空き瓶1本500円で下取りして、次回ご購入時に割引させていただきます」などのオファーをします。

たとえば、ガスコンロならこんな提案が可能でしょう。

「ガスコンロが古くなったとき、みなさんはどうされていますか。壊れてしまってから買い換えたのでは、その間、料理ができなくなって困ってしまいますよね。古くなったし、そろそろ壊れるかもしれない。でもまだちゃんと動く。そんな買い替えのタイミングでお悩みのみなさまへ当社からの新しいご提案です。古くなったガスコンロは、当社がきちんと修理をして、津波被害に遭ったインドネシアの○○キャンプに寄付します。下取り代金は500円

しかお支払いできませんが、ご主旨をご理解の上、ご協力をお願い致します――」。

これなら、たとえわずかでもお金が入るし、人助けにもなる。「だったら粗大ゴミでお金を払ってまで捨てるよりマシだわ。どうせ同じ金額なら、この店で新しいの買おうかしら」となります。

ただし、この手の慈善系のオファーは、「あの会社がそんなことするはずない！」と思われたら最後です。単なる偽善者だからです。劇薬が少し入っていることを絶対に忘れないで下さい。

ほかに、下取りが使えそうなのは着物やピアノ、布団などもいけそうですね。

着物はタンスの容量でどれだけ保有できるか決まります。着物好きには「新しいのがほしいけど、タンスにもう入らないから」と購入を手控えている人がたくさんいます。そんな着物好きに向けて、「あなたの着物をほしがっている人がアメリカにいます」と下取りを提案するのです。

中古着物はアメリカでは人気です。生地を生かしてハンドバッグや小物にしたりするケースも増えています。

うまくすれば十分ビジネスになると思います。

【ポイント】
⑲下取りを提案することで買換え需要を刺激する。

Q30
売れるオファーを発想する、何か良い方法はありませんか？

●――「でもなあ……」の「but」の部分を解消する

オファーの目的とは、お客さんの心の葛藤、「yes, but」（＝「けっこういいかも。でもなあ……」）のシーソー・バランスを「yes」の方に振り向けることにあります。

そこでカギを握るのは、「でもなあ……」の「but」の部分です。これは、その人に購入を躊躇させている、不安や心配や恐れなどのリスクにほかなりません。

つまりオファーの目的というのは、お客さんの感じているリスクをすべて取り除いてやる

ことにあるわけです。

その意味では、2章の「Q8」で紹介した「欲求とリスク」の表で○がつかない、あるいは×がついたままの項目こそが、お客さんに提示すべきオファーのテーマになるのです。

DMやチラシで欲求とリスクがすべて解消されるとしたら、それはすでに注文が可能な状態です。しかしそんなことは通常ありません。ある程度はDMやチラシで可能です。でも、「実際に触ってみたい、触ってみないとわからない、恐い」という欲求やリスクは、必ず残ります。

たとえば中古車ディーラーであれば、どれほど品質やメンテナンスの充実をアピールし、それを理解してもらったところで、お客さんにしてみれば、いざ買うとなったら、やはり車を見て、触って、試乗してみないことには始まらないし、判断のしようがないわけです。

通常、DMやチラシだけですべての欲求とリスクを解消するのは不可能です。そこで、「一度ご来店いただきまして、ご覧になりませんか？　試乗も自由です」というオファーが出てくるのです。

しかし、「来店されませんか？」と言われたお客さんは、今度は「売り込まれないだろうか？」と新たな不安を覚えます。

これを解消するには、「展示場でお名前、ご住所などをこちらからうかがうことはございません。ドアはすべて開いています。ご用件はサービス担当者にお声をお掛け下さい」という別のオファーが必要になります。

これでお客さんは、「なら安心だ」と初めてすべてのリスクから解放され、中古車ディーラーに足を運んでくれるのです。

【ポイント】
⑧⓪オファーの目的はお客さんのリスクを解消すること。

5章

「魔法のセールストーク」でボツ客もたちまち現金に換わる

さて、4章までは、「見込み客の発掘プロセス」についてお話してきました。

ここでは、集めた見込み客をクロージングにまで持っていくための、セールスプロセスについてお話していきます。

セールストークというと、職人芸のように見えますが、そんなに話は難しくはありません。

機械的に、ステップ・バイ・ステップのセールストークを組み立てていくことで、誰でも最強営業マンに変化していくことができるのです。

魔法のセールストークというタイトルは、少しオーバーだと思われるかもしれません。

でも、事実、ほんの数日トレーニングをしただけで、魔法がかかったように売り始めるセールスマンも多いのです。

しかも、お読みいただければわかりますが、このセールストークは、非常にシンプルです。

試してみて下さい。

Q31 お客さんはそこそこ集まるようになっているのですが、注文にまで至りません。なぜ成約に結びつかないのでしょうか？

●――お客さんのほしがるものを売ってはいけない

チラシやDMなどの広告宣伝が改善すると反応率が高まります。いままでさっぱり反応がなかった社長さんなどは、「よし、これで売上もどんどん上がるぞ！」と大喜びします。

しかし、ここで多くの会社が、新たな壁にぶち当たります。

「現場見学会には人がたくさん来てくれるんですが、契約が取れません。なぜでしょうか？」

「無料の成功事例集レポートの申し込みはあるんですが、さっぱりコンサルティングの申し込みがありません。ガイドブックに問題でもあるんでしょうか？」

「来店はいっぱいあるんですが、一番売りたい布団や枕はぜんぜん買ってくれません。タオルケットばかり売れるんです。どうしたらいいのでしょう？」

反応はあるのに注文が取れない。買ってほしいものが売れない。成約に至らない。売上につながらない――。社長さんの悩みは、ある意味、反応がなかったときより深いかもしれません。

なぜ、こんな状況に陥ってしまうのでしょうか。

実はその理由ははっきりしています。ほとんどの営業マンがセールスのやり方を間違えているからです。何をどう間違えているのか。結論から言います。

お客さんがほしいというものをバカ正直に売ろうとするからいけないんです。お客さんがほしがるものを売ったらダメなんです。なぜなら、お客さんは自分のほしいものを本当はよくわかっていないからです。

たとえば、お客さんが「デジタルカメラがほしいんですけど」と来店したとします。ほとんどの店員は、「デジカメですか。これなんか、いまとても人気がありますね。当店でもいちばんよく出ている売れ筋商品です」とやってしまいます。

お客さんの本当の欲求を理解する前に売り込んでしまうのです。しかも、お客さんの購入希望時期などはおかまいなし。自分の営業成績のために購入を急がせたりする営業マンもいます。

しかもお客さんがデジカメのことに詳しくないとみるや、「できるだけ高いやつを買わせてやれ」などと不埒《ふらち》なことを考えてしまう時もあるでしょう。

でも、これではダメです。お客さんはデジカメの専門家ではないのですから、デジカメのことなんか詳しく知ってるはずがないんです。

お客さんが、デジカメがほしいと思ったのは、デジカメについての乏《とぼ》しい知識のなかで、「こんなことがしたいんだけど、それにはデジカメがいいんじゃないか」と考えたからにすぎません。

それはその通りかもしれないし、違うかもしれない。それはお客さんがデジカメで何をしようとしているのか、きちんと聞いてみないとわからないのです。

●お客さんの本当の欲求を理解する

たとえば、そのお客さんは、デジタルカメラで自分の子供の記録写真を撮りたいと思っているとします。自分が持っているスチールカメラが壊れての買い替えで、高性能デジタルカメラは初めて購入しようとしている人だとします。

だとしたら、デジタルビデオのスナップカメラ機能の方がずっと良いかもしれないのです。子供の運動会でも、左手にデジカメ。右手にデジタルビデオなどという無理な姿勢を強いられないのも良い点かも知れません。

だからこそ、できる営業マンは、デジカメでどんなことがしたいのか必ず質問します。

そして、子供の成長記録を残したいのが目的だと知れば、きっとこう話を展開すると思うんです。

「失礼ですが、デジタルビデオはお持ちですか?」

「ええ、持ってますけど……」

「デジタルカメラのスナップ写真機能はついてますか?」

「いえ、ついてません。まだデジタルビデオが出たばかりの頃に買った、古い機種をいままでも使ってるんです」

「でしたら、デジカメを買われるより、いまのデジタルビデオのカメラ機能つきに買い換えられた方がいいかもしれません。いまのデジタルビデオはかなり性能がいいですから、お子さんのスナップ写真もきれいに撮れます。写真が保存されているデータを写真屋さんに持って行くだけで現像してもらえます。また、パソコンにも保存できます。自宅にカラープリンターがあれば、写真プリントも可能です」

「でも、デジタルビデオの操作が大変なんじゃないですか?」

「ちょっとデモの機械でやってみましょう」

「なるほど……、そうですね」

「それに何より古くから使われているデジタルビデオの買い替えですむなら、新しくできるし、わざわざデジカメを買わずにすむじゃないですか。デジタルビデオは一昔前と比較して、ものすごい価格が下がっていますから、ご予算的にもその方がずっと安くすみます。まさに、一石三鳥ですよ」

「そうか、そうですね。他のデジタルビデオも見せてもらいながらでもいいですか？」

いかがですか。お客さんはデジカメがほしいと思ってお店に来たわけですが、本当に欲求を満たしてくれる商品は、実はデジカメではなくてデジタルビデオかもしれないのです。

つまり、このお客さんは、自分のほしいものが何なのか、わかっていなかったんです。

それを「デジカメがほしいって言ってるんだからデジカメを売ればいいんだ」とやってしまったら、お客さんは、その店での買い物に満足できず、二度と足を運んでくれないかもしれない。少なくともその店での買い物に嬉しい、楽しい記憶を残すことはないはずです。

どうせ同じ買い物をするなら、自分の本当の欲求をくみ取り、

「そうそう、こういうのがほしかったんだよ！」

と心から満足のいく買い物をさせてくれるお店でしたいと思いませんか？

そしてそんなお店があったら、その店員さんを大好きになるし、ずっと贔屓《ひいき》にしたいと思いますよね？

そういうお店になるには、お客さんのほしがってるものをバカ正直に売ったらダメなんです。お客さんの本当の欲求をきちんと聞いて理解し、デジカメじゃなくてデジタルビデオを買ってもらうかもしれないと考えないといけないんです。

つまり、正しいセールスのステップは、

①あなたがほんとうに望んでいることは何ですか?

②それをかなえるのにうってつけの商品はこれですね。

でなければならないのです。

[ポイント]

⑧①お客さんのほしがるものを売ってはいけない。

⑧②お客さんは自分が本当にほしいものをわかっていない。

⑧③お客さんの本当の欲求を理解し、最適の商品を提案する。

Q32 お客さんが本当に望むものを提供するには、どうすれば良いのですか？

●――「魔法のセールストーク」で本当の欲求に答える

お客さんは、商品知識の不足などから、自分が本当にほしいものをちゃんとわかっているわけではありません。ですから、その裏側にある本当の欲求を聞き出す必要があります。それができて初めて正しいセールストークが可能になるのです。

そこで、お客さんの本音は、

①ファースト・マジック・クエスチョンでヒアリングを行なう
②マインド・キー・クエスチョンを使ってより深くヒアリングを行なう
③お客さんの欲求を整理し、相手に確認する
④お客さんの欲求にぴったりの商品・サービスを提供する

の4つのステップで聞き出し、応えるようにします。

私はこれを「魔法のセールストーク」と呼んでいます。順を追って説明します。

①ファースト・マジック・クエスチョンでヒアリングを行なう

お客さんへの最初の質問をファースト・マジック・クエスチョンと言います。

これは実に簡単、シンプルです。

「今回○○ということですが、いまの××に何かご不満（お悩み）でもおありになるんですか？」

○○と××を穴埋めするだけでそのまま使って下さい。たとえば、こんな具合です。

「今回この車にご興味がおありだということですが、いまのお車に何かご不満でもおありになるんですか？」

「今回デジタルカメラのご購入を検討されているということですが、いまお使いのカメラに何かご不満でもおありになるんですか？」

これだけでいいんです。たったこれだけの質問で、本当に興味のあるお客さんは、

「いや、いまのカメラが壊れちゃってね。最新のデジカメはきれいに撮れるって聞いたもので……」

と本音を語り始めるようになります。

もし、きちんとした欲求説明ができないようであれば、そのお客さんは冷やかしの可能性が高い。だから、「いや、別に……」と口ごもるようなお客さんは、いま追いかけても意味

がないのです。もし興味があったとしても、そう答える人は、「いまはまだ店員さんと話そうかどうか迷っているので、話しかけるのはあとにしてください」と言っているようなものなのです。

むしろ、「どうぞ、ご自由にご覧なって下さい」と逃がしてあげましょう。お客さんは、いつでも自由に逃がしてくれるところに必ず帰ってきます。

②マインド・キー・クエスチョンを使ってより深くヒアリングを行なう

ファースト・マジック・クエスチョンでお客さんの欲求の一端が明らかになりました。そうしたら、その欲求をより深く聞き出すようにします。

そのために行なうのが、マインド・キー・クエスチョンで、具体的には、

(1)「そのご不満（お悩み）をもう少し詳しくお話し願えませんか？」

(2)「○○だと、何か××すぎるのですか？」

の2つの質問を行ないます。

(1)では曖昧な表現を具体化するために、「たとえば？」「具体的には？」と相手の話に切り

込んでいきます。また⑵ではあえて極端な条件を出したりしながら、相手の欲求の根拠を聞き出すようにします。

ここで注意すべきは尋問調にならないようにすること。プロとして「お客さんが望んでいることをちゃんと理解したい、わかってあげたい」という気持ちがきちんと伝わるような話し方や態度を心がけましょう。

実際の質問はこんなふうに行ないます。

「そうですか。故障というと、修理はお考えにはならなかったのですか?」

「うん。もう古いしね。知人に相談したら、仕事で使うんじゃなければ、安いデジカメで十分だって言うから……」

「なるほど。お仕事でのご利用ではないんですね? どんな用途がありますか?」

「まぁ、子供の記録写真とか、旅行の記念写真とかぐらいかなぁ」

「お子さんの記録写真と言いますと、具体的には?」

「まぁ、運動会とかね」

「あぁ、誕生日とか、卒業式とか、一般のカメラの用途とまったく同じですね」

「そうですね。まぁ、写真が趣味っていうわけでもないので、ただのスナップだしね。まあ、それ見て自分が楽しめればいいんでね。人さまに見せるわけじゃないし。要は写ってればいいんですけどね」

「ということは、一般のカメラで現像した時と、同じぐらいの画質であれば、画質性能には、それほどのこだわりはないんですね？」

「そうですね。あとは、難しくなくて、すぐ使えるのがいいなぁ」

「すぐ使えるというと？」

「知人のやつを見て知ってるんだけど、スイッチ押してから、動き出すまでに時間かかるようなんだよね。で、最新のはすぐに起動するやつがあるからって聞いてるんですよ」

「すぐにと言うと、1秒とかですか？」

「そうだなぁ。うん。1秒なら普通のカメラと同じぐらいだしね」

「操作も、ほとんど普通のカメラと同じなら、よろしいんですか？」

「そうだね」

「それ以外に、ご要望はないですか？」

「まぁ、そんなもんかな」

「本当にないですか？」

　マインド・キー・クエスチョンでお客さんの欲求をより深く聞き出す際には、できる限りメモを取るようにすると、より詳しくヒアリングすることができます。

③お客さんの欲求を整理し、相手に確認する

ヒアリングしたお客さんの欲求を整理し、相手に確認してもらいます。

具体的には、

(1)メモを見ながら要望に過不足がないか確認する。

(2)その都度、「確かですね」「本当ですね」と必ず念押しの確認をする。

の2つの作業を行ないます。

そして最後に、「ご希望のなかで最優先したいことは何ですか?」と必ず聞くようにします。お客さんの求めていることが、予算の範囲内でできるとは限らないからです。

そこで最優先事項をあげてもらい、妥協点を探ることになります。予算と希望と現実のすり合せをするわけです。

④お客さんの欲求にぴったりの商品・サービスを提供する

お客さんの欲求に最適の提案を行い、クロージング（契約）へと進みます。ここまでくれば相手の欲求はすべてわかっていますし、どこまで妥協できるかも確認できています。

それに沿う形で、最終的にはこちらの考えるお客さんの欲求にぴったりの商品・サービスを提案し、契約してもらえばいいのです。

なお魔法のセールストークの前提として売り手の人柄を訴えるのはとても大事です。4章の「Q23」でも述べたように、短い時間で人間関係を構築し、信頼を得るには、人柄のわかるエピソードを語るのが極めて有効です。

一つの切り口として小学校低学年（七~九歳）の頃の自分と両親の思い出話というのは使えます。それがいまの自分にどうつながっているかをうまく伝えることができれば、それだけで警戒心の相当部分を払拭することができるはずです。

特に人柄がものを言う建築・リフォーム業、金融・保険業、不動産業などの営業マンの方は、参考にすると良いと思います。

【ポイント】
㉞「魔法のセールストーク」でお客さんの本音に応える。
㉟4つのステップで本音を聞きだし、最適の商品・サービスを提供する。

■事例15／「徹底したヒアリングで本音に迫る」
――建築業界の講演講師にまでなった工務店

岐阜県に、年間20棟ほどの注文建築を請け負う工務店があります。その会社の営業は、2代目の息子さんがしています。彼の会社は、施工棟数を年間20棟前後に受注制限しているのです。「もっと欲を出して、棟数を伸ばせばいいのに……」という周りの意見を尻目に、「今は担当者の数も少ないし、ちゃんとした工事をお客様に提供しようと思うと、人員的には20棟前後で十分なんです」と謙虚な答えが返ってきます。

ですが、この会社。集客にはほとんど困っていません。しかも、実際に彼の会社で間取りのプランニングをしたお客様は、9割以上が受注に至ると言います。

問合せをしてきてくれたお客様の9割以上が建ててくれるので、営業に無駄がないのです。これは、工務店としては驚異的な数字です。いったい秘密はどこにあるのでしょうか。

その答えは徹底したヒアリングにあります。具体的には、

①400項目以上にも及ぶ、お客さんへのヒアリング事項を準備している。
②新築住宅のイメージを明確にする。
③家族など関係者全員から意見を聞く。
④部屋別、部位別の要望を聞く。

⑤予算を確認する。
⑥その他、お客さんの持っている要望を隅々までヒアリングする。
の6項目について本当に徹底した聞き取りを行なっているのです。

当たり前ですが、子供の数によって間取りも違います。二世帯住宅と新婚住宅では、コンセプトはまったく違います。

どんな些細《ささい》なことでも、細部に至るまで徹底してヒアリングを行なうのが、この工務店さんのすごいところです。そしてここまでヒアリングを丁寧に行なうと、お客さんは、自分がどんな家を建てたいと思っているのか、自分でもハッキリと明確化されてくるそうなのです。それればかりか、お客さんとのコミュニケーションが十二分に行なわれているので、お客さんから非常に高い評価を得るようになったのです。今では、そうした顧客との関係を築きたい工務店が、全国から話を聞きにきたり、建築業界のセミナーで講師をしているほどです。

お客さんの声にとことん耳をすませ――。

成功のカギは、商いの当たり前の真実のなかに、やっぱりあるのです。

Q33 お金をかけずに、簡単に早く売上をアップしたいんです。何かいい手はありませんか?

●――ないがしろにしてきた既存客を掘り起こす

「いままでは元請けさんからずっと仕事がきていたんですが……」

「これまでは何気なく営業やってるだけで食べてこれたんですが……」

よくそんな話を聞きます。

たとえば、カメラ屋さん。大手のチェーン店が出店してくるまでは、カメラ屋の看板を出しておくだけで、お客さんはやってきました。酒屋さんもそう。大手のディスカウンターが出店するまでは、酒屋の看板を出しておくだけで黙っていてもお客さんはやってきたのです。薬局も大手のドラッグストアが進出してくるまでは何の営業も必要ありませんでした。電話帳に広告一つ載せる必要がなかったのです。

そんなことをしなくても既得権だけで十分商売がやってこれたわけです。

ところが、ふと気がつけば、大手のチェーン店の脅威にさらされていた。たちまちお客さんを食われて売上は激減。さてどうしたものか。何をどうすれば、お客さんにきてもらえるのか、まったくわからない。にっちもさっちも行かなくなって、

「いったいどうすればいいんでしょうか？　お金をかけずに、簡単に早く売上をアップする何か良い方法はありませんか？」

と相談にくるケースが少なくないのです。

こんなわがままな相談を受けたときは、これまでないがしろにしてきた「既存客の掘り起こし」を勧めることにしています。「検討します」と言われたままほったらかしにしてあるお客さんにアプローチをかけるのです。

経営者や営業マンは、既存客のなかに、あるいはすでに見込み客になっている人のなかに潜在的に成約に至る可能性の高いお客さんがいることにまるで気づいていません。

ですから、「すでにうちのことは知ってるんだから放っておいていいんじゃないですか」などと平気で言ったりします。

はっきり言いますが、これはとんでもない間違いです。統計によれば、既存客の75％は、何もしないで放っておけばライバル店に流れて行ってしまうのです。

では具体的にはどうすれば良いのでしょうか。

ファックスやニュースレター、電子メールなどで定期的（1ヵ月に1回程度）に接触を持つ

ようにすれば良いのです。

まず、過去のお客様（既存客）をリスト化してください。過去の売上伝票や領収書でもかまいません。アンケート用紙をダンボール箱から引っ張り出してきてもかまいません。注文書でも請求書の控えでもかまいません。それを一覧にするのです。

それができても、直接電話したり、訪問したりする必要はありません。むしろ、そうしたダイレクトな接触は避けて下さい。逆効果になる可能性が高いからです。

ファックスやニュースレター、電子メールを定期的に出すだけで良いのです。たったこれだけのことでライバル会社へのお客さんの流出が防げ、確実に売上のアップにつながります。ぜひ試してみて下さい。

【ポイント】
㊻ないがしろにしてきた既存客にアプローチする。
㊼電子メールやニュースレターなどで定期的に接触を保つ。

■事例16／「ニュースレターで育毛剤の体験談を共有する」
――リピート率82％の驚異の通販会社のケース

リピート率がよくても25％程度といわれる通販業界で82％という驚異的な数字を叩き出している育毛剤の通販会社が九州鹿児島にあります。

一度使えば継続して使うお客さんが多い証拠で、その秘密は2つあります。

1つは、育毛剤としてのクオリティの高さ。もう1つは、お客さんの体験談を共有し、「みんな頑張ってるなあ。よし、オレも頑張ろう！」と励まし合う場になっているニュースレターの存在です。

育毛剤は種類が多く、お客さんも、少し試してみて、「効きそうもないな……」と思ったら、すぐに別の商品に乗り換えてしまいます。その意味では浮気性のユーザーがとても多い商品であり、だからこそまたマーケットが広がりを見せてもいるわけです。

そんな浮気性のお客さんの心をがっちりつかんで離さないようにしているのが、ニュースレターによる体験談の共有なのです。

Q34 ボツ客をボツ客のままにしないで、有効活用する何か良い方法はありませんか？

●――ボツ客の声を集めてチラシなどに使う

ボツ客が生まれる理由はいろいろあります。

一般的には、

●提示された商品・サービスが気に入らない。

●予算が合わない。

●タイミングが合わない。

●奥さん（あるいはご主人、子供など）が反対する

といった理由が多いだろうと思います。

ほかにも問合せレベルでのボツ客もいます。まあ、定義なんてどうでもいいです。要するに、いいところまで行ったのにダメだった客。もうちょいだった客と考えればいいでしょう。

このボツ客に対しては、Q33で述べたように電子メールやファックスやニュースレターで

定期的にフォローする必要があります。そうしないとライバル会社にどんどん流出してしまいます。

しかし、ボッ客へのアプローチは、それに留《とど》まりません。

「ボッ客はなぜボッ客になったのか？」。その理由をボッ客自身に語ってもらうのです。

私はリフォーム会社を経営していたとき、そのための「ボッアンケートはがき」というのを作っていました。そして、「ご契約をいただけなかった理由」を、ハガキに書いて送ってもらうようにしていたのです。毎月抽選で粗品をプレゼントするという企画を立て、実践していました。

これは自社のUSP（独自性）を掘り起こすための「お客さんの声」とは、まったく逆のアプローチですから、そこに書かれる内容は辛辣《しんらつ》を極めるものもあります。

しかしある程度数がまとまってくると、自社に対して好意を持ってくれたにもかかわらず、ボッになっているケースも少なくないことがわかってきたのです。

たとえば、「よその会社みたいにしつこいセールスがなくて良かった。でも、どうしても事情があってあきらめた。やることになったらぜひ御社でお願いします」とか、「見積もりを出しても断っていいと言ってくれたので安心して見積もりを頼めた。結果、値段が安い業者にお願いして、御社をお断りすることになったが後悔している」とか、そうしたお褒めの言葉を書いてくれる人もけっこういたのです。

私はこれをチラシやDMに使わせてもらうことにしました。

「当社はしつこい営業はいっさいしておりません。」その証拠に私どもに見積依頼をされたにも関わらず、ご契約いただけなかった方々からも、こんなお声を頂戴しております。

そうやって、「よその会社みたいにしつこいセールスがなくて良かった」等々のボツ客の声を紹介したのです。おかげで、

「見積もりを頼んでも断っていいんだ」「強引な営業はかからないんだ」と、しつこい営業をしない会社である、ということをしっかりアピールすることができたのです。

このことはその後の販促活動に大いにプラスになりました。

つまりボツ客をボツ客のままにしないで現金化することに成功したわけです。

なおボツアンケートはがきを実践すると、「この人はいずれ戻ってきてお客さんになってくれるかもしれないいな」と思える人が必ずいることもわかります。それを放っておけば現金を捨てるようなものなのです。

いずれ戻ってきてくれそうなお客様には、2、3ヵ月に1度でいいですから、電子メールやニュースレターなどで継続的に接触をはかることをお勧めします。

【ポイント】

㊈「ボツアンケートはがき」でボツ客の声を拾い集める。

㊉ボツ客の良い声は、チラシやＤＭなどに使う。
⑳可能性を感じるボツ客はその後もメールなどでフォローする。

Q35 売れ行きがいま一つなのは、ひょっとして値段が高すぎるせいでしょうか？

●──「バーゲン」は「モルヒネ」と同じ

「売れないのは値段が高すぎるからだ。安くすればもっと売れるに違いない」

そう考える人がいます。はっきり言って、それは間違っています。

確かに安ければお客さんは増えるでしょう。売れるでしょう。ただ、安く売っても利益を取れるならいいですが、無理をして安く売るのは本末転倒なのです。

「バーゲン」とは「モルヒネ」と同義です。一度安売りを始めてしまえば、それが価格基準になってしまい、二度と上げることができなくなります。

安売りの衝撃は最初だけです。人はすぐその値段に慣れてしまいます。あとは売れないからまた下げるの繰り返しで、値下げの螺旋《らせん》階段を転げ落ちるしかなくなるのです。

ハッキリ言います。「値段が高すぎるから売れない」というのはウソです。

「安くすれば売れるだろう」というのは、ビジネスをやるうえで最も安易な発想です。

売れないのは値段のせいではありません。その証拠に400万円もするメガネフレームを全国の社長さん相手に売り歩いている営業マンもいます。

あるいは高級ランドセル。ある業者は全国の社長さんを相手に、「あなたの息子さん、お孫さんにランドセルはいかがですか」と蛙の皮の1個何十万円以上もするランドセルを売っています。

カエルの皮ですよ？　しかも、なぜ、そんな高い商品が売れるのでしょうか。

そもそも社長さんという人種は、基本的に「人と同じは嫌だ、人と違うのがいい」という人たちです。その志向は、そのまま子供や孫の持ち物にも向かいます。

だからランドセルも、「そこらのデパートで売っているようなのでは面白くない。よその家の子供とは違うのを背負わせたい」、そう考える人もいるようなのです。

その意識をＤＭなどでツンツンと刺激してやるのです。

「こんな豪華なランドセルがあるんですけど、いかがですか」と。

そうすると、必ず何人か、

「おお、いいじゃないか。買おう！」

という社長さんが現れるわけです。

世の中には、そうやって目をむくような高級高額商品を苦もなく販売している業者もいるのです。それを知らないものだから、つい泣きが入るのです。

「売れないのは、値付けが高すぎるからだ」と。

それは違うだろう、って話なのです。

普及価格帯×1・3＝プチ高級の法則

では値段はどのようにつければいいのでしょうか。

ズバリ、結論から言います。

普及している一般的な価格帯に1・3を掛けて下さい。そしてプチ高級品にするのです。こうすれば、驚くほど売れ行きが良くなるはずです。私はこれを「プチ高級の法則」と呼ん

でいます。

たとえば蜂蜜。商品A600円、B580円、C620円とします。普及価格帯は600円です。これを一・三倍すると780円になります。この780円未満の商品は、広い意味で普及価格帯の範疇に括《くく》られてしまいます。

消費者というのは大きく分けると、お金持ちと普及帯にいる人たちとに分類できます。百貨店で蜂蜜を売っているメーカーは、「当社の蜂蜜にはロイヤルゼリーが入ってます」などと言って、必死でUSP合戦を繰り広げています。しかし780円未満だと所詮は普及価格帯の範疇で括られてしまい、効果は薄い。

もちろん、他社商品のクオリティよりも優れているという自負を持っています。そのくせに価格は他社商品と横並びでは、本当に自信があるのかと疑いたくなります。もし本当にクオリティに自信があるのなら、ラベルを豪華にして値段を780円にするのです。するとお金持ち層は、普及帯価格の商品ではなく、みんなこの780円の商品を買うようになります。

価格は普及品の600円相当に比べて、180円アップです。それでも、他社商品よりもクオリティで勝っているのであれば、それを自己主張すべきなのです。そうした場合には、値付けを変えるだけでバンバン売れるようになることが多いのです。

では、値段を普及価格帯の1・7倍超に設定するとどうなるか。

この算式で求められる値段は超高級品の価格帯になります。その場合は、「なんでこんなに高いのか」、きちんと説明できるだけの根拠が必要になります。そこに正当な理由が見出せないと、お客さんは、「これは高い、高すぎる」と割高感を感じて、買ってくれなくなります。

たとえば骨董品屋さんでレトロな扇風機を売るとします。1万円の扇風機が3台、1万3000円の扇風機が1台あれば、真っ先に売れるのはプチ高級の法則で1万3000円の扇風機であることが多いのです。

でも1万7000円にしちゃうと、1万円の扇風機と比べて、よほど良さそうに見える何かがないと、「これはちょっと高いかも」と敬遠されてしまうのです。

あるいはデパ地下のチョコレート。1個何百円もする高級チョコも、成分分析すれば、普通のチョコとたいして違いはないはずです。それでもとんでもない値付けができるのは、ブランドという根拠があるからです。

そのブランド性がないのに1・7倍超の高級チョコをうたっても、「こんなの知らない。高すぎ！」と呆《あき》れられるだけです。

●世の中の値付けはなぜこんなに安すぎるのか

私はよく値段の相談を受けます。それらに共通するのは、どの会社も驚くほど値付けが安すぎることです。みなさん、「なぜ、こんなに安売りをしてしまうんですか⁉」と不思議でならないほど安い値段をつけています。

たとえば、酒造業界がそうです。

あなたもご存知のとおり、ワインには1本数十万円という価格の商品があります。ヨーロッパには、そんな超高級ワインがゴロゴロあるのです。それを保管しておくワインセラーも高級なものがあります。ワインのコルク抜き道具だって、それだけで数万円という高級なものがあるぐらいです。

ところが、日本酒業界はどうでしょうか？　1本数十万円の日本酒って、パッと思い浮かびますか？　確かに数十万円の日本酒があってもおかしくないけど、聞いたことがないというのが、一般の人々の反応だと思うのです。

ワインなら、テレビや雑誌などで、たとえ飲んだことはなくても、超高級ワインのことは知っています。ところが日本酒では、そんな記憶がない。

そうです。日本酒にはほとんど超高級日本酒というのがないんです。

ほとんどの日本酒は、5000円未満の価格帯の商品ラインアップで戦場になっています。日本酒メーカーさんの競争も、「うちの酒はうまい！」の一本槍。工夫がありません。

日本酒は、日本という国の名前がついたお酒です。いわば日本という国を背負ったお酒なのです。英語で言われるときも、「SAKE」と言われます。つまり、日本オリジナルのお酒なのです。

飲みたいと思いませんか？　世界に誇るワインと肩を並べるほどの日本酒を。

どうしてどのメーカーも開発しないのでしょうか？

これは、「安くないと消費者は買ってくれない」という思考の弊害です。

焼酎ブームで、安い焼酎ばかりがもてはやされていることに恐怖を覚えたのかもしれません。

でも、日本酒の酒蔵さんの中には、二十代近くも続く会社もあります。それだけの歴史の中で培《つちか》われてきた技術とプライドを、もっと誇って欲しいのです。

確かに超高級品には、リスクが伴います。だけど、1年前からの先行予約だけで販売する超高級日本酒なら、リスクはゼロに近いはずです。

超高級品をラインアップに加えるだけで収益は劇的に改善します。その場合の価格設定は前述のように1・7倍超にします。

2倍、3倍で全然OK、5倍、10倍にしてもかまいません。是非、チャレンジしてほしい。技術と誇りと自信に溢れた、世界に誇る日本酒ブランドを世の中に出してほしい。そしてこれからも何代も続く文化を残してほしいと心から願います。

【ポイント】
㊺「値段が高すぎるから売れない」のウソ
㊻「バーゲン」は「モルヒネ」と同じだ
㊼普及価格帯×1・3――プチ高級にすれば売れない商品も飛ぶように売れる。
㊽普及価格帯×1・7――超高級品にするには根拠が必要である。

6章

これさえ知っていれば成功する経営者になれる

ビジネスで経済的な成功を収める。

第1章から、第5章までは、そのためのプロモーション広告、価格、商品のアピールポイントなどについてお話してきました。


この章では、主に起業家に向けて、どうやったら経済的に成功に最短距離で近づくことができるのか？　についてお話していきたいと思います。

私のところには、起業家からの相談も数多くあります。

インターネット、参入すべき業界、自己啓発に関する話題……いろんな相談があります。

そうした相談にお答えしていきましょう。

さらに、マーケティングの具体的な話とは、少しだけ離れた話題でも、「売れる力学」というタイトルから外れないようなトピックについてもお話していきます。

Q36 いま起業を考えています。どんなビジネスが有望でしょうか？

●——成長産業で起業しても成功するとは限らない

起業相談をよく受けます。これから起業しようとしている人は、そのほとんどがサラリーマンの方です。

彼らに共通するのは、「会社をやりたい。でも何をやっていいのかわからない。アイデアはあるのだが、うまくいくかどうか自信がない。不安だ」、そういった悩みです。

「どんなビジネスに参入したらいいでしょうか？」

「どんな商材が儲かるでしょうか？」

「健康茶の通販をやろうと思うんですが、どうでしょうか？」

「健康グッズのインターネット通販をやろうと思うんですが、どうでしょうか？」

要するには、何をどうしていいのか、わからない、見当がつかないのです。

そこでどうするかというと、ほとんどの人が、これから伸びそうな有望産業、成長産業に

目をつけ、これならいけるんじゃないかと考えるわけです。

実は私自身がそうでしたから、よくわかるのですが、これはある意味仕方のないことです。私は脱サラして最終的には住宅リフォーム会社を設立しましたが、起業前にはほかにも20種類以上の事業計画を立てていました。

たとえば、超巨大企業や空港、保険、通信などを相手にしたハッカー対策ビジネス。知り合いに凄腕のハッカーがいたので、対象企業と契約した上で、合法的にハッキングを仕掛け、もし成功したら、その対応策も含めて詳細なレポートを提出する、というビジネスモデルでした。

ハッカーはコンピュータに関するとんでもない技術を持っています。でも、それを発揮する場所がない。だからアンダーグラウンドで犯罪に走り、そうすることでしか自己の存在を証明できずにいます。ならば、彼らを日の当たる表舞台に引っ張り出してやって、思う存分、堂々とその力を引き出してやればいい――。そう考えたのです。

あるいは、ハウスメーカーや工務店の一級建築士のOBを使って施主請負型の施工管理を行なうインスペクター（第三者検査機関）ビジネスも考えました。米国では公的な制度として存在しますが、日本にはなかった。それを民間ビジネスとしてやろうと考えたわけです。

共にいまではビジネスとして成立していますから、目のつけ所としては悪くなかったと思います。でも、20種類以上考えたビジネスのなかから私が最終的に選んだのは、成長産業として有望視されていた住宅リフォームでした。

ですから、起業を考えている人が、あれこれ考え、成長分野にひかれるのはよくわかるし、仕方のないことだと思うんです。

●――どんな業界でも儲ける人は儲けている

しかし、当たり前の話ですが、成長産業に参入したからといって、あなたが成功する保証なんてどこにもないんです。

「こんな業界に参入を考えているんですが、有望でしょうか？――」。

そういう質問をしてくる人は、「有望な業界がある」という前提に立っています。そこに参入すれば儲かるのではないか、儲かるはずだ、という前提でものを考えているのです。

でも、儲かる保証なんてあるはずがないんです。有望産業、成長産業で起業したらうまくいくのであれば、誰だって苦労しないし、私のようなコンサルタントなんてこの世に要らないわけです。

そもそも、どれほどの成長産業でも必ず衰退する時期はやってくるわけです。

つまり、「どんな業界が、これから有望でしょうか？　儲かるでしょうか？」という思考は、

「流行トレンドが終わったときに、いきなり不景気になる会社を作りたい」「成長が止まる時期が来る会社を作りたい」というのと同じなんです。

それを乗り越え、さらに成長を続けるには、自己変革をし続けなければなりません。それができるのはほんの一握りの企業で、多くは淘汰《とうた》されてしまいます。

要するに時代の寵児《ちょうじ》としてもてはやされる成長分野は、ライバルが多すぎて危険なのです。そのことに気づいていないわけです。

起業をめざすなら、これだけは忘れてはいけないという大事なことがあります。

それは、有望な業界だろうが、衰退している業界だろうが、儲けている会社は儲けているし、儲けていない会社は儲けていない、ということです。

いまでも儲けているレコード針の会社はあるし、五右衛門風呂の会社はプレミアムがついてとても良い商売をしているはずです。一番最後まで頑張り通して生き残ったカッパエビセン型のビジネスは、とてつもなくおいしかったりするのです。リヤカーを製作している会社は、外国にも技術供与していると聞きます。街の金物屋さんと造園・工具などを集めたホームセンターは大ヒットして全国にできました。

身近なところにいくらでもある喫茶店や床屋さんや本屋さんにしても、やり方一つでいくらでも成功するチャンスはあるはずなんです。

というのも、こうした、一見誰も目をつけないような商売は、まず広告を打っていません。見たことがない。それだけにきちんとマーケティングをやれば成功する確率が極めて高いのです。

たとえば本屋さんであれば、キャンペーンか何かを利用してお客さんの携帯アドレスを入手し、「在庫あります。Hanako本日発売！　取り置きのご依頼はメールでＯＫ」などといっせいにメールを流せばいいんです。

そうすれば、「あ、そっか。今日、発売日だ。あの本屋だと売り切れてると嫌だから、予約入れて取りに行こうかな」と買いに来てくれる確率も高まるはずです。お勧めの新刊書籍なんかも、「本日入荷！」とどんどん流す。これだけで、あっという間に地元で一番の本屋さんになれます。地域の書店でマーケティングを実施しているお店は、ほぼありません。だからこそ、これはもう間違いなく成功するような気がしています。

広告を打たない業界で起業するのは、誰も目を向けない盲点であり、穴場なのです。

ですから、有望産業だけにビジネスチャンスがあると思い込むのはやめた方がいい。成熟産業にも隙間はあるし、衰退産業にだってチャンスはあります。

どんな分野であろうと、儲けている会社は儲けているのです。

もし、あなたが、「どんな業界が儲かるんだろう?」と考えているとしたら、そうした思考のフレームワークをそっくり変える必要があります。

すなわち、「どんな業界が儲かるか?」ではなく、「自分の参入しようとしている業界で儲かる会社にするには、何をどうすればいいのか?」と考えるようにしないといけません。

数多のライバルがひしめく成長産業にあえて参入するのであれば、それこそ敵を蹴り落とし、勝ち上がっていくために、自分は何をすべきなのか、する必要があるのか、それこそが考えるべき最大の課題になるのです。

【ポイント】

⑮成長産業で起業すれば儲かると思うのはとんでもない勘違いだ。

⑯成熟産業でも衰退産業でも儲けている会社は儲けている。

⑰広告を打たない業界はマーケティング次第でチャンスが大きい。

Q37 インターネットで通販ビジネスを始めようと思っているんですが、うまくいくでしょうか？

●——起業相談で圧倒的に多いのはネット通販とコンサルタント

「インターネットで独立しようと思うんですが、どうすればいいんでしょうか？」

「メルマガをたくさん発行して広告で食べていけないでしょうか？」

「コンサルタントで成功するには何が大事ですか？」

起業相談で圧倒的に多いのはネット通販とコンサルタントです。

ネット通販をやりたい理由をたずねると、ほとんどの人が、「小資本で在庫抱えずにすんで当たったらすごそうだ。健康食品やりたい！　サプリメント売りたい！」と答えます。

そのたびに、ふうっとため息が出て、胸がきゅーんとなっちゃう。

結論から言います。普通の商材では、インターネット通販で勝つのは難しい。至難のワザです。

たとえば岡山でナンバー1の靴屋さんがネット通販を始めたところで、東京の人がわざわ

ざ岡山のネット通販で買いますか？　そこでしか買えないとびきりの目玉商品でもあるなら
ともかく、そうでなかったら、品揃えでは楽天に勝てるはずがないんです。

岡山の50店のなかのトップでも、ネット通販になったら何万店もの競合店を相手にしなければなりません。

「どっちが簡単だと思います？」

って話なのです

インターネット通販の成功ノウハウと、地元密着型の店舗成功ノウハウはまったく違うのです。

●——「なんでコンサルタントになりたいの？」

この1、2年、特に多いのは、「コンサルタントになりたい」という相談です。私がマーケティング専門コンサルタントだからなのかも知れませんが、マーケティング・コンサルタントになりたいという相談もとても増えました。

「なんでマーケティング・コンサルタントになりたいの？」と聞いても、これといった理由があるわけではありません。「儲かりそうだから」、その程度の動機です。

でも現実は、そんな甘いものではありません。実際に儲けている人はほんの一握りで、多くは食べるので精一杯です。なのに、中小企業診断士や国家資格さえあれば、すぐにも活躍できると思っている人が多すぎる。とんでもない勘違いです。

活躍している一握りのコンサルタントの姿を見て、「かっこいい！　オレもやりたい！　できるに違いない！」と思うのは壮大な誤解であり、めちゃめちゃ勉強不足です。コンサルティングのジャンル一つ知らない人が少なくないのです。

たとえば、企業がやる10周年、20周年などの記念イベントを専門に手がけているコンサルタントがいます。

この手の催し物は10年、20年に一度ですから、企業のなかにノウハウがない。最初の10年目は誰も経験がないし、20年目になると10年目の責任者はもう会社を辞めていたりします。だからノウハウがない。会社に蓄積がないんです。

そこで誰を講師に呼んできて、どこで何をするのか、そうしたことをすべて引受けて演出する専門のコンサルタントがいれば、そりゃ便利ですよね。この手のイベントは、10年、20年に一度のことだけに企業も予算をケチりません。潤沢《じゅんたく》に用意します。だから、これを専門に活躍しているコンサルタントは結構儲けていると思います。

彼らは裏方で、あまり目立つ仕事ではないので、メディアに華々しく登場するようなことはありませんが、手堅い仕事で活躍しているはずなのです。

コンサルタントになりたいと思っている人で、こうした専門性の高いコンサルティングのジャンルがあることを知っている人はまずいません。その事実に気づきもしない。知らないことを知らないのは、とても恐いことなのです。

●――他人が作った山に登るのは大変だ

コンサルタントになりたい――。それは、目の前に目立つ大きな山があって、その頂点にいる人が素晴らしく見えるので、私も登ってみたいと感じるのでしょう。

「あんなに活躍して、さぞ素晴らしい景色を堪能《たんのう》しているのだろう……」と思えば、誰でもその山に登りたくもなります。でも、いくら目立つ大きな山でも、他人が先に登頂しているのです。一番良い眺めの場所は、すでにその人の眺めになってしまっているのです。

しかも、考えていることは誰でも一緒で、大きな山になればなるほど入山する人も多いのです。

それよりその山の後ろに誰も登ったことのない、もっといい山が隠れているかもしれない、そういう発想を持った方が賢明だと思うのです。

実は私もコンサルタント業界にいた有名なマーケティング・コンサルタントみたいになれたらいいなぁと思って、マーケティング・コンサルタントになりました。

でもなってみてすぐに壁にぶち当たったんです。

それは、私と他の人は違うという事実です。

「あんな風になれたらいいなぁ」という願いそのものが、そもそも間違っていたのです。他人と私が違うのだから、同じようになるのを求めるほうが間違っているのです。

●自分の山を探して頂上をめざした方がいい

他人が見つけた大きな山の眺めが、本当に素晴らしいと聞けば、自分もその景色を見てみたいと思うのは、ある意味仕方がありません。うらやましいし、自分もそうだったから、その気持ちはよくわかります。

でも、他人のつくった山に登るのは大変なんです。それより自分にふさわしい山を探して、その頂《いただき》をめざした方がずっと賢いと思うんです。自分にとって登るべき山は必ずほかにあるのです。

私に限って言えば、私は私らしいマーケティング・コンサルタントをずっと目指しています。

それが何なのかは、簡単にご説明することは難しいので、別の本でまたお話ししたいと思っていますが、いずれにしても、私は自分独自のコンサルタント・スタイルなのです。

他にも、たとえば、こんなケースがあります。ある男性から電話で相談がありました。彼は、マッサージの仕事をやっていました。でも、人知れない努力で、その仕事をやっていたのです。

もともと彼は、引きこもりだったそうです。やっとの思いで、なんとか仕事ができるまでになったのです。けれども彼は悩んでいたのです。

「これは、私のすべき仕事なのだろうか……」

私は彼にヒアリングをしていきました。私は、セラピストの技術も勉強していますから、そうした人生相談のようなこともしているのです。

ヒアリングをしながら、一つ気づいたことがありました。

彼は、足元にある宝の山に気づいていないという事実です。私は彼に伝えました。

「あなたのように、過去に引きこもっていた人を、あなたは何人も知っていますか？」

「はい。知っていますが……」

「引きこもっていた自分が、どんなきっかけで、徐々に社会に復帰していくことになったのか？　それを何人もの人にインタビューしてまわって、本にすることは不可能ですか？」

「……できます」

「本が５０００部しか売れなくても、それがキッカケになって、講演やカウンセリングの仕事がきそうな気がしませんか?」

「……講演やカウンセリングの話は、確かに何件かはきそうな気がします」

「講演の後に、自由記入のアンケートをとって、『講演参加者の声』という冊子を作成して、講演の主宰者になりそうなところへ郵送したら、また講演の仕事が増えそうじゃないですか?」

「……増えそうです」

「あなたの近くで、そうした仕事をするのに、適任な人をあなたは知っていますか?」

「……私が一番適任だと思います」

結局、彼はそれまで、他人が登った山の景色にしか、興味を抱いていませんでした。

でも彼は、自分が登るべき山を実は持っていたのです。

それはとても小さな山かもしれないけれど、間違いなく彼の山でした。それに気づかず、人の山を登ることばかり考えていたのです。

彼は、私に相談することで、自分が登るべき山の裾野《すその》に、自分が立っている事に気づいたのです。

●99・9%は起業の動機も方向性も間違っている

100社起業しても10年後には10社しか残らない。成功しているのは1社だけ——。統計が示す、これが起業の現実です。

なぜこれほど過酷な数字が出てくるかと言えば、そもそも登る山を間違えているからです。はっきり言います。99・9%は起業の動機も方向性も間違っています。

私はそのことに気づいたから、あえて儲かっているリフォーム会社を人に売却し、コンサルタントの道へ入ったのです。

最初は私も、「あの山は大きいし、もっと大きくなりそうだ」と思ってリフォーム業界に参入しました。そして、「たとえ同じところに立っていたとしても山が大きくなれば、会社も成長できるだろう」と考えたのです。確かに成長したし、儲かりました。

でも、ちっとも気持ちが良くないんです。どうにも居心地が悪いんです。

そんなある日、お客さんからクレームがきて、ずれた屋根の瓦を直しに行きました。職人さんを呼ぶまでもないレベルのクレームは、営業マンが直しに行くしかありません。脚立を持って行きました。とても良く晴れた青空のきれいな日でした。

屋根に登って瓦を直しながら、ふと思ったんです。

「オレの居場所は、本当に屋根の上なのか？」

以来、疑問に思うことがいろいろ増えて、とうとう思い至ったわけです。

「ああ、オレって登るべき山を間違えたんだな」と。

当時の年商は3億円超。自分の年収はゆうに2000万円を超えていました。それでも嫌な感じは広がるばかりでした。

儲かれば儲かるほど、「これでいいのか？」と問い掛ける自分がいました。

だから、会社は儲かっていたし、成長していたけれど、あえてそれを売却し、コンサルタントへの転進を図ったのです。

会社を起こして成功したい——。そう考えるとき、金銭的な成功が先に立ちすぎると、自分の幸せや家族の幸せが置き去りにされてしまう恐れがあります。

こうなると、いくら成功してお金を稼いでも、ものすごいストレスがたまります。それこそ顔つきがどんどん変わってしまいます。

お金がないから満たされない、権力がないから満たされない——。そこからスタートしてしまうと、ビジネスの成功＝金銭的成功になってしまいます。

それでは虚しい。虚しすぎます。自分も家族も心から幸福であると感じるには、登る山を間違えないことです。そして間違えたと気づいたら、本当に登るべき山をもう一度探すべきです。

【ポイント】

⑱ネット通販やコンサルタントで儲けるのは至難のワザだ。

⑲他人のつくった山を登るのは容易なことではない。

⑳自分だけが登るべき山を探さないといけない。

㉑99・9％の起業家は登る山を間違えている。

㉒登る山を間違えるとお金持ちにはなれても幸せにはなれない。

㉓一発で正しい山に登るのは至難の業。登ってみて初めて、「間違った山だった」とわかることもある。そうやって徐々にわかってくる方が圧倒的に多いし、近道。

Q38 脱サラして会社を始めようと思っています。何と何と何が整ったら準備ができたと言えますか？

●――ビジネスを始めるのに万全の準備などあり得ない

「会社を始める前にどんな準備をしておけばいいんですか？」

「起業の計画は何をもって万全と考えればいいんでしょうか？」

起業を考えている人からこの手の質問をよく受けます。

ぶっちゃけた話をします。この手の質問はナンセンスです。意味がありません。なぜなら、会社を始める前に自分のビジネスに必要な準備が何かなんて、わかるはずがないからです。完璧な準備なんてできっこありません。

必要なことは起業すれば、嫌でもわかります。ですから最低限必要なことだけわかっていればいいんです。できるはずもないすべての準備をやろうとしても、無理というものです。

それは言ってみれば、「何と何を覚えたら、路上を走っていいんでしょうか？」と聞くようなものです。AT車ならアクセルとブレーキとハンドルの操作さえできれば、何とか走ることはできるでしょう。ただし電信柱にぶつけたり、壁にぶつけたりするので、当然、車は傷だらけになります。それでも前に進めば、少しずつ運転はうまくなります

会社経営もいっしょです。走りながら、いろいろなことを覚えていけばいいんです。

そもそも、「何と何と何ができたら合格、次へ進める」、という発想は、受験の弊害です。起業には「何と何と何ができたら合格」という目安になるような偏差値はありません。

たとえば、「起業したら仕事を回す」と言ってくれた会社があるとします。そんな約束を2つ、3つ取りつけたから、じゃあ準備は万全かと言えば、もちろんそんなことはありません。いざ会社を立ち上げて挨拶に行ったら、「ああ、本当に会社を作ったの。ごめん、ごめん、いまお宅に回す仕事ないんだよ」と平気で言われたりします。それがビジネスの世界の現実です。

それでもあえて「何をもって準備ができたか」と言うとすれば、「どうやって儲けるかをきちんと数字で説明できるかどうか」でしょう。

つまり、どうやってお客さんを見つけて、それを現金化するか、ちゃんと説明できるかどうかです。それが実践例としてちゃんと言えれば、まずは合格点と言えるのではないかと思います。

たとえば、「このファックスを送ると1000件で1件の反応があるらしいんです。なら、

このファックスを送れば、少なくともその半分の1000件で0・5件は反応があると思うんです」――そうやって具体的な数字で話ができれば、とりあえず準備としては十分でしょう。

逆に言えば、そうした具体的な数字で自分のビジネスが説明できないなら、準備ができているとは到底言えないわけです。

アルバイトを通じてでも、その業界のことを勉強することは可能です。そうやってアルバイト経験の中から、業界の基本的な数字を知った人が、同業で独立すると、結構うまくいくのは、こうした背景があるのです。

【ポイント】
⑭起業する前に万全の準備などできるはずがない。
⑮成功の確率を高めるのは、「儲ける仕組みを数字で説明できるかどうか」という視点が、どれだけ現実的かである。

Q39 自分は経営者（起業家）に向いているでしょうか？

●経営者向きの性格などありはしない

「私は経営者に向いているでしょうか？」

「起業家としてやっていけるでしょうか？」

そんな質問をよく受けます。

これは、「どんなビジネスに参入すればいいでしょうか」という質問が、「儲かるビジネスがある」というのが前提になっているのと同じように、「経営者向きの性格がある」というのが大前提になっている質問です。

これはとんでもない間違いです。経営者向きの性格なんてものはありはしないんです。あなたが起業を考えているとしたら、あなたに合った経営をすればいいんです。なのに「自分は経営者向きだろうか」とつい考えてしまう。悪しき刷り込みと言うしかありません。

たとえば本田宗一郎氏は経理などはあまり得意ではありませんでしたが、それを補《おぎな》う有能な輔弼役《ほひつやく》がいました。逆に松下幸之助氏は経理の感覚に優れたネゴシエーションの天才でした。二人ともそうした自分を生かした経営を貫いた。だから成功したのです。

私の場合で言えば、マネジメントが苦手なので大人数の社員を抱えて束ねていくのは辛い。社員数が1000人も2000人もいたら、「うう、重い……」となってしまいます。

だから少人数でやっていけるビジネスモデルを考えて会社経営をやっています。せいぜい社員は6、7人が限度です。それ以上は一人ひとりのモチベーションの管理ができない。

「あれ、○○君、いま何やってるんだっけ?」

となってしまって、とても目配り、気配りができなくなってしまいます。自分にはそれだけのマネジメント能力はないと思っています。

だからこそ、己を知って、自分に合う会社経営を心がけているわけです。

つまりは、人には得手不得手があるわけで、得手を生かした経営をすればいいのです。

【ポイント】

⑯起業家向きの性格などというものは存在しない。

⑰己を知って、自分に合った会社経営をすればいい。

●―――参考文献

■Jay abraham 著
Getting Everything You Can Out of All You've Got
21 Ways You Can Out-Think, Out-Perform, and Out-Earn the Competition
出版社: St. Martin's Griffin

■Denny Hatch/ Don Jackson 著
2,239 Tested Secrets For Direct Marketing Success
出版社: McGraw-Hill

■John Caples, Fred E. Hahn 著
Tested Advertising Methods (Prentice Hall Business Classics)
出版社: Prentice Hall; 5th edition (July 1, 1998)
ISBN: 0130957011

■神田昌典
Copywriting2000 (VHS)
開発元：Almac Inc.

■Dan S. Kennedy, Daniel Kennedy 著
The Ultimate Sales Letter: Boost Your Sales With Powerful Sales Letters,
Based on Madison Avenue Techniques
出版社: Adams Media Corporation; 2nd edition (October 1, 2000)

■Philip Kotler 著
コトラーのマーケティング・マネジメント -ミレニアム版-
出版社: ピアソン・エデュケーション

■佐藤 昌弘 著
凡人が最強営業マンに変わる魔法のセールストーク
出版社: 日本実業出版社

あとがき

さて、いかがだったでしょうか?

まずは、ここまでお読みいただいたことにお礼を言わなければなりません。

本当にありがとうございます。

そして、もし、私の執筆スキルが足りないばかりに、わかりにくい表現があったり、読みにくい箇所があったとしたら、ごめんなさい。

既に何冊も執筆させていただいているにも関わらず、やっぱり「本を書く難しさ」を痛感します。文章によって伝えることの難しさ、奥深さを再認識させられるのです。

私は本の中で、「人は語ることができる以上のことを知っている」と書きました。

それは私にも言えることです。だから、「伝えたいことはたくさんあったけれど、ちゃんと伝わっているかな?」と、執筆が終わった今でも、気がかりでなりません。

ぜひ、私が挙げた107のポイントに関わらず、自分なりのポイントを選び出してみて下さい。たった1つでも、あなたに役立つ本であれば、著者としてこれ以上の喜びはありません。

いずれにしても、己を知り、お客さんを知れば、そこに活路は必ず見出せるはずです。いろんなトピックについてお話してきましたが、結局はそういうことなのです。ぜひ、あなたの会社にもUSPがあるということに気づいてほしいのです。同じように、あなたの商品・サービスの素晴らしい点にも気づいてほしいのです。

そして、お客さんが心から望んでいることを、しっかりと理解してあげてほしいのです。その上で、お客さんとあなたを橋渡ししてくれる、販促ツールやオファーテクニックを駆使して欲しいのです。

それがうまく噛み合わさったとき、ビジネスは善循環をし始めることでしょう。そして、善循環しているビジネスには、何らかの力が作用していることに気づくはずです。それが『売れる力学』なのです。

もう一度、お客さんの声に耳を澄ましてみて下さい。その中にきっと、鍵が隠されています。善循環のキッカケは、そうした「お客さんの声」からの、ほんのちょっとしたヒントだったりするのです。私がコンサルティングをしていても、いつもそう感じるのです。

私自身、この本を読み返してみると、全部のトピックで、いろんなクライアントさんとの思い出がよみがえってきます。

時には尻を叩き、時には励まし、時には怒鳴り飛ばし、時には共に笑い、時には不覚にも一緒に泣くこともありました。それが私の仕事であり、これからも、それが私の仕事です。

きっと、これからもそうです。

そうしたクライアントさんとの歩みを、こうして本の中に刻むことができたのが、何よりの幸せです。だから、クライアントさんにも心から感謝しています。

最高の学びは、教えることの中にある。

それを教えてくれたのもクライアントさんなのです。

私はクライアントさんにアドバイスをしながら、クライアントさんから様々なことを学びました。

だからこそ、こうして本を書くことができる。やはり、どれだけ感謝しても足りないぐらいです。


近い将来にお会いするであろう、未来のクライアントさんからも、私は様々なことを学ぶことでしょう。そうしたら、またそれを本という形にして残していきたいと思っています。

また、その時には、今回の本と同じように、いろんな方々にお手伝いしてもらいながらになると思います。

本当に、いろんな方へ感謝しなければならないことが、奇跡のように積み重なって、こうした本が完成されていく。その感謝の気持ちは、どんな言葉を並べても表しきれるものではありません。

心から感謝を申し上げます。

そして最後に、今回の本でも、少しでも多くのヒントを、あなたに提供できていることを心から祈るばかりです。

愛情と感謝の気持ちと共に。また、あなたと次の本でも出会うことができるのを楽しみにしています。

ありがとう。ありがとう。心からありがとう。

佐藤昌弘

佐藤昌弘――――さとう・まさひろ

マーケティング・トルネード代表。中小企業診断士。
京都大学工学部卒。大手ガス会社勤務を経て、
98年、住宅リフォーム会社を設立。人・金・モノ・信用無しの悪条件ながら、
マーケティング戦略を駆使して、創業3年で約3億円の売上に急成長させる。
しかも営業社員は4人。2001年、経営コンサルティング会社、
マーケティング・トルネードを設立。執筆、セミナー、アドバイスなどにより、
ダントツに成功するための実践法を伝授。また、飛躍的な自己成長を果たすために、自らの感情をコントロールする方法を伝授する、セラピストとなる。
著書の『図解・非常識に儲ける人々が実践する成功ノート』(共著/三笠書房)、
『凡人が最強営業マンに変わる魔法のセールストーク』(日本実業出版)、
『会社を成長させるために絶対必要なこと』(フォレスト出版)は、
いずれもビジネス本のベストセラーとなる。

今日からお客様が倍増する
売れる力学
たったこれだけで業績が上がる107のポイント

2005年6月2日［初版第1刷発行］

[著者]
佐藤昌弘

[発行者]
栗原幹夫
[発行所]
KKベストセラーズ
東京都豊島区南大塚2丁目29番7号　〒170-8457
電話＝03-5976-9121（代表）　振替＝00180-6-103083
http://www.kk-bestsellers.com/
[DTP]
ユーホー・クリエイト
[印刷所]
近代美術
[製本所]
ナショナル製本
ISBN4-584-18869-6 C0030